終活の落とし穴

西川満則・福村雄一
大城京子・小島秀樹

日経プレミアシリーズ

はじめに

人生の最期には、数多くの「落とし穴」が潜んでいます。世の中に刊行されている「終活本」で知識や手続きだけを知っても、実際に直面する現実に、そのまま役立つわけではありません。むしろ、準備したつもりになっていることで、大きな落とし穴にはまってしまうこともあるのです。

たとえば、「親が介護施設に入っているが予想外に費用がかかっているため、その資金を捻出するために親の不動産を売却したい」という相談を受けたことがあります。しかし、親が認知症で介護施設にいる場合、不動産は売却できないことがあります。本人の認知機能が衰えている場合、たとえ家族でも、代理で売却の意思表示をすることは許されないからです。

つまり、「財産はあるのに現金化できないという落とし穴」に、はまってしまったのです。金銭的な余裕がない方は、施設入居を考えている際には、事前に自宅を売却しておき、その資金で施設に入るのが望ましいのです。施設入居から年月を経ると親の判断力が低下していくことがありますが、そうなってしまうと親の不動産（場合によっては預貯金も！）を動かせなくなってしまうのです。このように、財産はあるのに現金化できないケースは、落とし穴の一つです。

そのほか、医療面の落とし穴としては、終活をしてこなかったがために、いざ手術や延命治療などの切羽詰まった際に、意思決定を誤ってしまうという点があります。人間は、不安が強い時ほど「良くなるかも」という言葉に反応する傾向にあるようです。ただ、その意思決定が本人や家族にとって最善とは限りません。これが、少しでも早く終活を始めるほうが良いと言われる所以です。

はじめに

本書は、これから終活をする方、そして親が終活をする方をメインターゲットに、医療、相続、お金、介護、ACPといった幅広いテーマの落とし穴について解説します。書店では、「エンディングノート本」が販売されておりますが、専門家としてはエンディングノートを書いただけでは不十分と言わざるを得ません。終活を進めるにあたって、他に重要なことはたくさんあります。

「理想的な最期」とは何か、抗がん剤治療や延命治療はどこまですべきか、医師の提案は拒否してもいいのか、親が認知症になったら何に気をつけるべきか、介護を嫌がる親にどう向き合うか、遺言の作成よりもすべきことは何か等、注意すべき論点を各分野の専門家が解説します。本書が、後悔のない最期を準備する一助となれば幸いです。

目次

第2章 司法書士が警鐘を鳴らす「相続の罠」

第3章 医師が思う「後悔のない最期」

第4章 医師と考える「延命治療の論点」

第5章 主任介護支援専門員が教える「介護への向き合い方」

第6章 医療ソーシャルワーカーが考える「ACPの重要性」

構成・編集協力：阿部祐子

第1章

法律視点による「認知症の落とし穴」

自分の親のお金を引き出せない？

親が認知症を発症した場合、「財産を動かせなくなる」ことがあります。財産、というと土地や不動産のような、相続財産をイメージする方もいるかもしれません。しかし最もよくあるのが、身近な「親名義の預貯金」です。

親からキャッシュカードを預かり、暗証番号も知っていて、頼まれて預金を引き出すことが日常になっている方もいるでしょう。「ちょっと代わりに行ってくる」ということは、家族としては自然なことかもしれません。

しかしその「当たり前」は外には通じないことに、私たちはなかなか気づきません。

実際、「親名義の口座から、預貯金が引き出せなくなる」ということが起きています。例えば親が入院してしまい、「お金がかかりそうなので、定期預金を解約したほうがいいね」ということになったとします。しかし「代理で行ってきて」と親に頼まれ、あなたが銀行に行っても、まず受け付けてもらえません。

本人以外の名義の預貯金を解約するのは、非常に難しいのです。銀行にとっては、重大な責任問題になってしまいます。「親だから」、「家族だから」という理由は、通りません。

さらに、親と一緒に銀行に行って解約を申し出たとしても、ストップがかかってしまうことすらあります。親が認知症を発症している、またそれが疑わしい場合です。

預金の解約時には、銀行の担当者は預金者の判断能力を見ています。このときに、預金者本人が質問に対してはっきりとした受け答えや意思表示ができなければ「認知能力が乏しい」と判断されます。もちろん、取引はいったん保留です。預金者を保護する機能が働くためです。

こうやって順序立てて読めば「それはそうだ」と納得できます。でも私たちは、自分の身内も自分の延長のように捉えがちです。たとえ血縁者でも、一緒に生活していても、自分名義以外の預金口座は他人のもの。それを改めて認識しておく必要があります。


私は、実際の医療の現場で、さまざまなご家族と接しています。その中で実感するのは、「親にどのくらいの預貯金があるか分からないし、銀行口座も分からない、何も聞いていない」という方々が非常に多いことです。

その場合、親の医療費は、子どもたちが立て替えることにならざるを得ません。親が回復して意思疎通できるようになり、返してもらえるなら非常にラッキーです。しかしそうならず、健康状態がどんどん悪化してしまう場合もあります。自分たちの生活もある中で、長期にわたって金銭的に支えるのには限界が出てきます。

「(親の預金口座に) お金はあるのに引き出せない」。これは、誰にでも起こりうることです。だからこそ、この事態を回避しなければなりません。

どのくらいお金を持っていて、毎月いくら使っているのか、そして今後どう暮らしていきたいのかを、親が元気なうちに話しておくことが大切です。

金融機関ごとにサービスの名称は異なりますが、同居の子どもなど極めて近い関係の親族をあらかじめ代理人と定めておける金融機関もあります。このサービスを利用すると、子どもに対して親の代理人として使用するキャッシュカードが交付されるのが通常です。子どもは親の代理人として振込を行ったり、引き出したりすることによって親を支えることになります。ただし、子どもが親の代理人としてできることの範囲や、いつから代理人として預貯金を管理できるようになるか、といった細かい部分は金融機関ごとに違います。親の生活口座として利用している金融機関が代理人サービスを導入しているのか、どのような条件になっているのかということをぜひ確認しましょう。ホームページで確認することもできますが、一度時間を取って金融機関に相談に行かれることをお勧めします。

不動産が売れないことも？

先ほどは、最も身近な例として預貯金を挙げました。では不動産はどうでしょうか。

特に長年暮らしている自宅の場合、家族の中では、その土地や家は「家族みんなのもの」という認識かもしれません。でも実際は、その土地家屋には名義があり、売却には当然、持ち主の意思表示が必要です。

例えば、父名義の実家を売却するとします。手続きの際には当然、本人が売却する意思を持っているかどうかが見られています。

その会話の中で、本人が不動産のことを認識していない、マンションなのに戸建ての話をしている、そもそも自分の持ち物かどうかが分かっていない、といったことが明らかになったらどうでしょう。「本人の意思が確認できない」となり、売却はできません。いくら「施設入居のために売るのです。売却は本人のためです」などとその場で主張したとしても、です。

本人の認知機能が衰えているので、ほかの家族が代理で売却の意思表示をする、といったことは当然、許されません。

不動産が売れないと困ること

高齢の親の自宅を売却するのは、「施設入居のため」など、先立つものが必要になるという理由が多いと推測します。しかし前述のように、財産はあるのに現金化できないケースも起きています。

さらに深刻な例もあります。通常は、施設入居を考えているので自宅を売却し、その資金で施設に入るという順番です。しかし、「すでに施設に入ってしまっているが、予想外に費用がかかってしまった。そこで自宅売却を検討しはじめる」というケースです。こうした依頼は、実は多いのです。

しかし入居から年月を経ての売却となると、そのときには本人の判断力が低下していることが多いのです。その結果、お金の必要性は高いのにもかかわらず、売却ができないということが起きています。このように、順番を逆にしてしまうことが、落とし穴だと思います。

成年後見制度の落とし穴

本人の判断力、伝える力、考える力が落ちた場合は、どうすればいいのか？「その代わりになる人」が必要になり、それを成年後見人といいます。後見人となった人が本人に成り代わって売却といった意思表示をしていくのです。ただ、成年後見人がすぐに選ばれるわけではありませんし、家族が選ばれるとも限りません。

ですから、「お金が必要なのですぐに自宅を売りたい」という差し迫った場合でも、そもそも成年後見人が選ばれるのに3カ月、半年という時間がかかります。そして家族ではなく、私のような第三者が選ばれる場合には報酬も発生します。

その報酬は名義人の財産から支払われます。だいたいの金額は、年間20万〜30万円といったところです。ご本人が存命の限り、この金額の支払いが続きます。

この出費も、大きな落とし穴といえます。そこに落ちないためにしておくべきことは、先立つものを先に作っておく、つまりお金の準備です。

高齢者施設は、入居を確保することがもちろん一番大切です。ですから施設選びに集中するのは当然ですし、順番待ちもあります。「やっと見つかったからすぐ申し込む」「お金は後から」となることはやむを得ない面もあります。しかし、重大な意思決定が必要なときに持ち主の判断力が落ちている、というのは

法定後見を図解すると

法定後見とは？

すでに認知症などで、自分で財産管理や契約行為ができない人のために、裁判所が支援者（後見人）を定め保護する手続き。

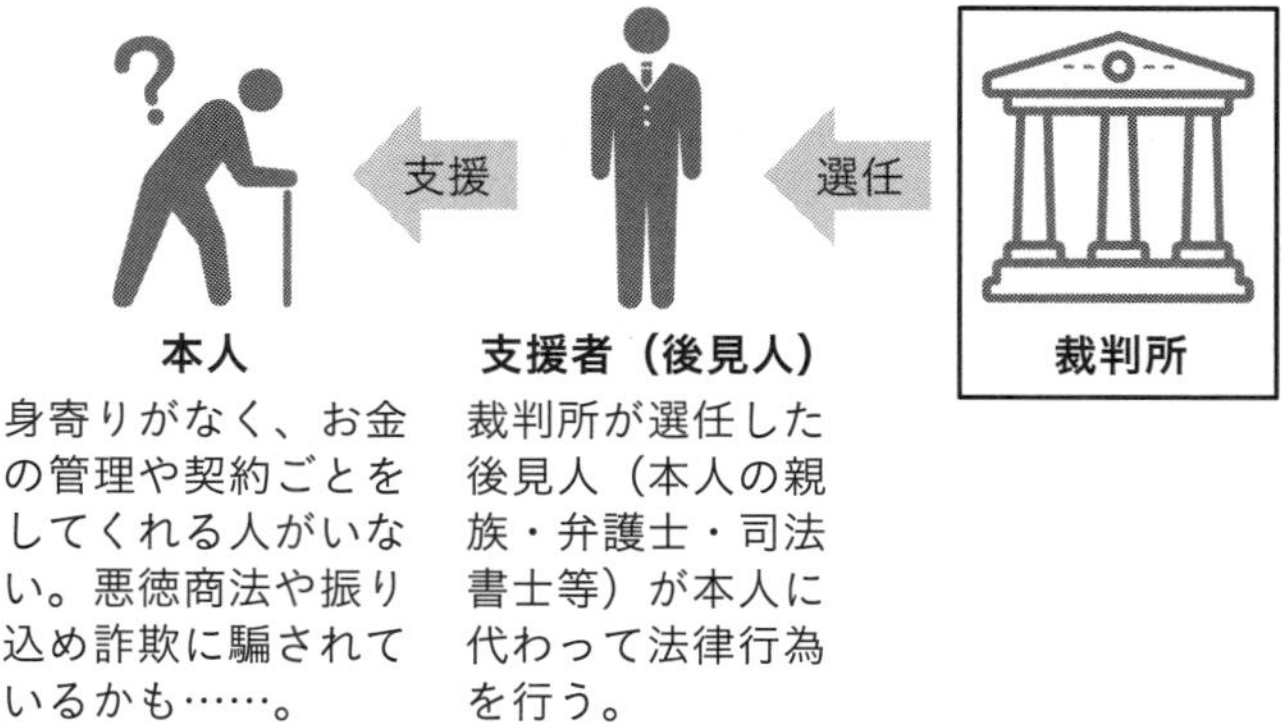
支援
選任
本人
身寄りがなく、お金の管理や契約ごとをしてくれる人がいない。悪徳商法や振り込め詐欺に騙されているかも……。
支援者（後見人）
裁判所が選任した後見人（本人の親族・弁護士・司法書士等）が本人に代わって法律行為を行う。
裁判所

（出所）筆者作成

大変なリスクです。

整理すると、まず、高齢者の生活において一番お金がかかってくるものに備えて、資産を現金化しておくことが大切だということ。そして、現金化したお金は預貯金口座に入りますので、そこからお金がスムーズに引き出せるようにしておく。これらが重要です。

成年後見人の3つの役割

①財産管理

成年後見人は、財産管理に関する**契約ごと**について、包括的な代理権を持つ。※何でもではない。
法定後見人には**取消権**もある。（騙されて物を買わされた時等）
一身専属という本人しかできない遺言や身分行為（結婚等）を除く**法律行為**全般に及ぶ（民法第859条）。

①預貯金や印鑑の管理 ②収入支出の管理 ③遺産分割 ④不動産の売買契約、賃貸借契約等

※本人の居住用の不動産を処分する際には、家庭裁判所の許可が必要。

②身上保護

医療ケアに関する権限としては、医療・介護福祉サービスに関する事務、施設入退所に関する事務等が挙げられる。

①医療に関する事務

入院契約の締結、**医療費の支払い**、病院が適切な治療をしているかの確認等

※手術の医療同意権はない。

②介護等に関する事務

在宅**介護サービスや施設入所契約**、**介護費用の支払い**、介護サービスの監視等

※介護行為等の事実行為は後見人の職務ではない。

※身元保証を求められることもある。厚生労働省は後見人が選任されていれば不要という考え方。

③住まいに関する事務

家のリフォーム契約の締結、本人が居住するアパート契約の締結をすること等

③家庭裁判所への報告

年に一度、家庭裁判所に事務報告を行う。重要事項は都度都度。

（出所）筆者作成

「身元引受人」「連帯保証人」のリアル

病気やけがで入院・入所する際、病状説明などで「身元引受人」や「連帯保証人」が求められることが多々あります。病院や施設は、緊急連絡先、死後対応、支払い責任、身の回りの世話などのために、本人以外の〝誰か〟の連絡先を確保しておきたいわけです。この〝誰か〟とは、本人が自分の意思を表出できない〝もしも〟の状態になったときの〝保険〟のような立ち位置でしょう。

厚生労働省は「身元保証人などがいないことのみを理由に、医師が患者の入院を拒否することは医師法に抵触する」との解釈を公開しています。身元保証人や身元引受人がいないという理由で患者の受け入れを拒否した場合は、医師の応招義務違反に該当するとしているのです。また、医療機関が求める身元保証人は、民法で定められる連帯保証人とは異なり、支払い義務を負いません。

このように法的根拠が存在しないにもかかわらず、全国の医療機関の65%が身元引受人や連帯保証人を求めている、との調査結果があります。そしてこの慣習が、高齢の「おひとりさま」の心配事の一つとなっています。また、そのような心配事に対応する「身元保証ビジネス」すら、存在するのです。しかも、この身元保証ビジネスに悪徳な業者が紛れ込んでいたとしても、国は取り締まることができません。

では、おひとりさまは入院や入所時の保証人問題に、どう対応したらいいのでしょうか？　国は「成年後見人を有する場合、身元引受人や連帯保証人は求めない」よう指導しています。そのため、やはり成年後見制度を活用することが勧められます。後見制度を活用すれば、保証人問題だけでなく財産管理や入院・入所時の事務手続きも代行してもらえます。特に任意後見制度は、もしも

任意後見を図解すると

任意後見とは?

まだ判断能力のあるうちに、信頼のおける支援者との間で契約を結び、万が一認知症になった時のために、財産の管理や医療や介護などの事務手続きを行ってもらえるようにしておく契約。

本人
今は元気だけど認知症になったら心配。財産管理や医療・介護の事務を頼みたい。

支援者(任意後見人)
本人が認知症になったら支援を開始。契約で決められた内容の支援を行う。

(出所)筆者作成

のときのために前もって準備し、本人の意向を酌んだ支援をする仕組みです。判断能力があるうちに任意後見人を選任しておくことは、保証人問題への準備だけでなく、+αのメリットとなります。

ただし身元引受人、連帯保証人に加え、後見人も医療同意はできません。

日本では原則、本人以外は医療同意できず、家族や周囲の人間は本人の意思を推定

任意後見人の役割

任意後見契約の中で定めた範囲（全財産といった形も可）における、

①財産管理　※取消権、同意権はない。
②身上保護
③家庭裁判所への報告

※任意後見契約の中で何をどこまで代理してもらうかを決める。

（出所）筆者作成

し、その推定意思に基づいて医療介入の要否を決めることになっています。保証人であろうが後見人であろうが、それは同じで、あくまでも本人を支えるチームの一員としての立ち位置なのです。

また、身元引受人や連帯保証人、さらに後見人もいない状態であっても、必要な医療やケアを受ける権利が保障されています。院内や施設内の医療ソーシャルワーカー（ＭＳＷ）などの相談員は、その権利を保障するためのさまざまな支援をしています。

法定後見制度と任意後見制度の違い

	任意後見	法定後見[*1]
後見人	自分が選ぶ	裁判所が選ぶ
後見人の報酬	自分で決める	裁判所が決める
監督人	必ず付く	付く場合あり
支援の内容	代理権目録で定める	原則として全ての法律行為
贈与・相続税対策	○	×

自分で「誰に」、「何を」、「どこまで」委ねるかを実現するのは任意後見制度。自由度も法定後見制度より高い。

＊1 成年後見類型の場合。
（出所）筆者作成

任意後見と法定後見の違いは時系列

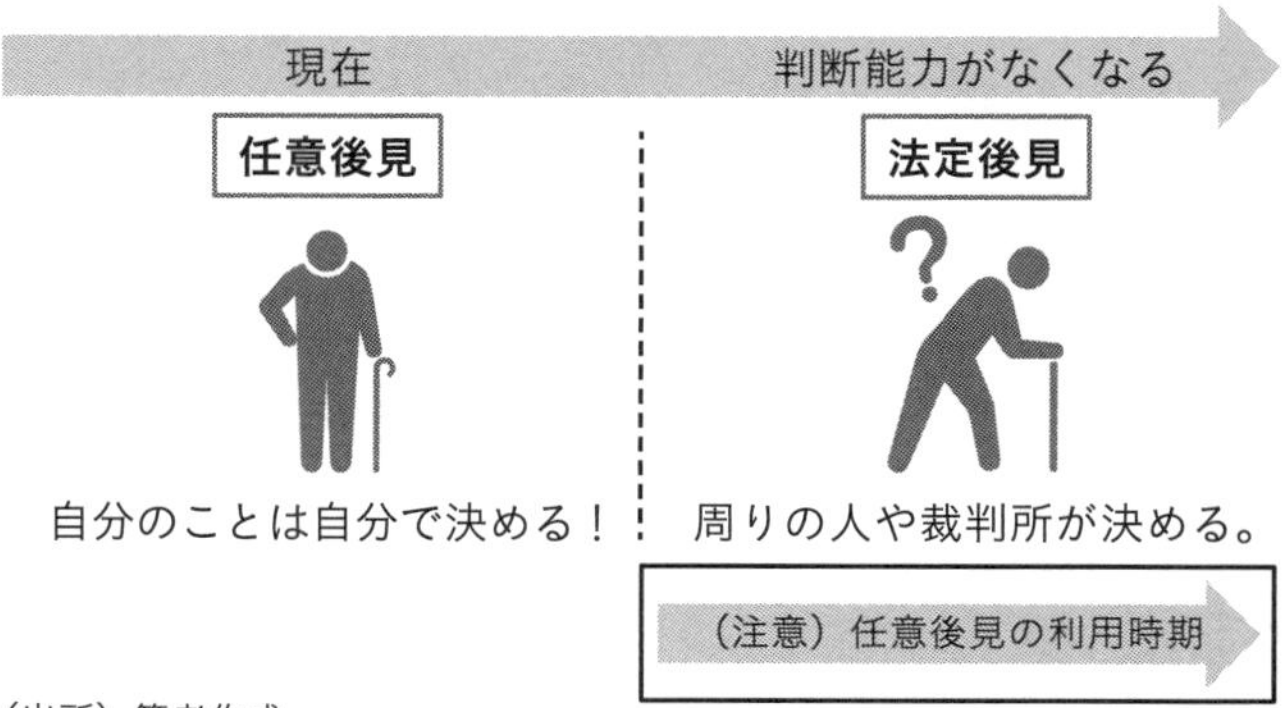

（出所）筆者作成

両親が同時に認知症となった場合、子どもはどうすべきか

多くの場合、両親を同時にサポートすることは心身ともに多大なるエネルギーを使います。例えばですが、どちらか一方の親を自身でサポートして、もう片方の親は専門職の後見人に就任してもらうといった選択肢を検討する必要があるでしょう。

また、ケアマネジャーや介護士、看護師といった医療・福祉の専門職や制度を利用することも大切です。全てのことを子どもが行うのには限界があります。

親の介護は長丁場になることが多いです。子ども自身が心身ともに健康であることが重要です。子どもにも自身の生活がありますので、共倒れにならない

ように、頼るところは頼るというスタンスでサポートしたいものです。

親に認知症の疑いがある場合

介護施設というのは、見つかりにくいものです。ひとくちに施設と言ってもさまざまなバリエーションがあります。例えば、場所は郊外なのか街中なのか、比較的費用が安価な公的な施設か、それなりの費用になる民間施設か、医師や看護師が常駐しているのか回診制か、要介護度によって入居が左右されるか、など。比較検討のポイントが非常に多いのもその一因でしょう。

しかし私は、認知症の疑いがある親がいる方には、「早め、早めに」という、時間軸からのアドバイスをしています。ゆっくり丁寧に選びたい、という気持ちは分かりますが、時間をかけていると本人の判断力が低下して結局目的が達成できないことになりかねないからです。

ここで、「動く」には具体的には二つの意味があります。まず、「今できるのであれば契約しましょう」。施設契約も早め早めに予約したりしていきましょうということです。

二つ目は、しかしそんなに簡単には決まらないだろう、ということを踏まえた上でのアドバイスです。

施設に入居してほしい、そのほうが親の生活が快適になる……そう思っていても、切り出すタイミングは非常に難しいものです。そして、たとえ切り出せたとしても納得してもらえるかどうかが分かりません。「まだまだ元気だ」、「生活の場所を変えたくない」。そんな本音を聞いてしまって、早め早めの契約が難しい場合はどうすればいいでしょう？

それが、先ほども述べてきた後見人制度、その中の任意後見を活用する手段です。任意後見制度には、「将来、自分の判断力が低下したときに、誰に意思を委ねたいか」を元気なうちに決めることができる仕組みがあります。一種の保険のような、「お守りの仕組み」ともいえるでしょう。これで、たとえ認知症の症状が進んでも、本人があらかじめ選んだ人が、本人に代わって意思表示を行うことができます。

また、銀行預金については、預金者の判断力が低下した際に「代理人カード」が発行され、代理人が本人に代わって取引できる仕組みを設けている金融機関もあります。

施設入居がベストな解決法ではあるものの、調整が必要で今すぐは難しい……。そんな場合は、それに備える「お守りの仕組み」だけでも作っておいてください。

良心的な介護施設をみつける方法

実際に施設に見学へ行くことをお勧めします。パンフレットの情報だけではわからないことも多いです。働く職員が挨拶がしっかりできるか（外部の人が入ってきても知らんぷりしている等もあります）。職員や入居者さんたちが笑顔でいるか。フロアに放置されていないか。または個室で寝たままになっていないか。施設の雰囲気なども確認することをお勧めします。

どうすれば、質の高い介護サービスを受けられるか、その質の高さの評価は、個人の考えに大きく左右されると思います。本人が笑顔で過ごしている、楽しそうにしている、ということも評価のポイントだと思います。

離れて暮らす認知症の親の介護はどうする？

家族の異変に気づいたら、各地域にある、地域包括支援センターへ相談すると良いでしょう。どんなことでも良いので、異変を感じたら相談してみましょう。状況により、センター職員が訪問したり介護保険利用の提案や、医療機関への受診の提案・対応をしてくれます。

親御さんに関わる支援者の方たち（ケアマネ、介護職、看護師など）との情報共有や連絡を密に取ることが大事です。連絡方法などを決めておくと（LINEやショートメール、電話など）よりスムーズだと思います。

認知症の状態にもよりますが、周りの支援があれば日常生活を送れる方がほとんどですので、親御さんにどのような生活を送っていただきたいのか、不安なこと、緊急時の対応などを話し合っておくと良いでしょう。

また、日ごろから関わる支援者側からお伝えしていることを素直に受け取ってくださると、この先のサービス展開なども決めやすいと思われます。離れたお子様方の理想や希望が強いと、今起こっている現実の問題が伝わらず埋もれてしまい、物事が進まないこともよくあります。

在宅で認知症の方を介護するにあたり、大変なこと

認知症は進行する病気ですので、自分でできていたことができなくなるにつれ、介護者の負担は大きくなっていく傾向があります。介護者が望むことを本

人ができなくなることがとてもストレスに感じる方も多くいらっしゃいます。決して楽な介護とは言えませんが、介護者が認知症という病気を理解し、本人の歩幅に合わせた生活をしていくことで、精神的な負担を少しでも軽くすることはできます。本人にとっての「人間杖」になることが大切です。

第2章

司法書士が警鐘を鳴らす「相続の罠」

遺言書の意義

①自分の価値観や意思を伝える
②自分の生きた証を遺す
③争族を防ぐ
④残った家族にとっての道しるべになる
⑤自分の気持ちの鮮度に沿った法律の仕組み
⑥繰り返し行う自己実現

（出所）筆者作成

相続準備は義務ではありませんが、準備は元気なうちにしかできないという面があります。財産を引き継ぐという点で自分の人生は相続後も続いていきます。必ず締結すべきとまでは言いませんが、自分が生きた証として、遺言書を作成するのがよいのではないかと思います。

残った財産をどのように活用したいかを明示しておくことで、残された人にとっては道しるべとなります。

認知症になっても遺言は書ける？

ところで、認知症と診断されたら遺言は書けなくなるのでしょうか？　答えは「ノー」です。もちろん将来的に、相続の際に認知能力を巡るトラブルになる可能性はあります。しかし、そのことと「書けない」ということは違います。認知症の診断がついたからといって、書けなくなるわけではない。これは覚えておいてください。

遺言書にも大きく分けて二つあります。まず、自分で文章を書く遺言書（自筆証書遺言）。そして、公証役場で自分の遺言の内容を伝える、しゃべる遺言書（公正証書遺言）です。

認知症になったとしても文字を書いて内容も明瞭に書ける人もいるでしょう。また、認知症であっても公証役場の公証人という役人の方に自分が誰に何をどれだけ残すかということをきっちり話せる人もいるでしょう。

よく、「認知症の方のやり取りの状況は、日によります」ということを聞かないでしょうか。本人の調子がいい日であれば、遺言書も作れるということです。

遺言のメリット、デメリット

自分で書く遺言書（自筆証書遺言）の一番のメリットは、手軽で費用もかからないことです。紙とペンがあれば出来上がります。用紙の制限もないので、印鑑があれば手軽に作れます。

自筆証書遺言

メリット	デメリット
1人で作れる（証人不要） ※自書する力がある限り	紛失した場合、永久に 人の目に触れないことがある
いつでもどこでも簡単	発見者が不利だと思って 破棄しても誰にも分からない 可能性あり
遺言の存在自体 誰にも知られない	偽造、変造、隠匿の 可能性あり
費用がかからない	詐欺、脅迫の主張がなされて、 有効性に関するトラブルが 発生しやすい
	個人的に作成するため、 方式や内容の不備で 無効になりやすい

（出所）筆者作成

デメリットは、専門職が関与していないと、遺言書として有効な内容が正しく書けるかどうかが分かりませんので、適切な形での遺言書にならない可能性があるということです。保存にも難があり、紛失してしまい見つからない、誰にも発見されない、といった可能性もあります。さらに、ゼロを書き加えるなど、容易に書き換えられてしまうこ

公正証書遺言

メリット	デメリット
原本が公証役場にあるので、絶対紛失がない	手続きはやや煩雑、事前に用意する資料や公証人との打合せが必要
原本を公証人が保管するため偽造・変造・隠匿の危険がない	公証役場は平日対応のみ
公証人が作成するため、証拠価値が高い（詐欺・脅迫の争いが起きにくい）	費用がかかる 遺産の評価額に対する手数料が発生
内容・方式の不備で遺言書が無効となることはまずない 信頼性が高い	証人2人以上の立会いが必要 遺言の存在・内容を完全に秘密とすることはできない
登記関係の処理がスムーズに進む	証人2人以上の準備が必要

（出所）筆者作成

ともあります。手軽な反面、公正証書に比べると少し脆さがあります。

一方の公正証書のデメリットは費用面と言われています。公証人法で決まっている公証役場の手数料が必要になり、遺言書を作る時も役場の手数料だけで5万～10万円がかかります。専門家の報酬も15万～20万円になるため、トータルで1通作るのに20万～30万円が必要です。

しかし、専門家の立場としては、公正証書をお勧めしています。メリットとしては公証人という法律のプロが関わりますので間違いが起きる可能性は非常に低いですし、裁判となった際にも強いからです。公証人に対して「誰に、何を、どれだけあげるか」という気持ちを口頭で伝えており、さらに文書にしますので、よほどのことがないと覆りません。これは強烈なメリットです。ですから思いや願いを叶えるというときのセキュリティが、自筆と比べると圧倒的な差があると思います。

法律上の効力は同じものの、いろいろな手続きをしようとした場合の力は、公正証書が強いのです。

自筆の遺言の落とし穴

では、自筆で遺言書を書く際の注意点はどこでしょうか？　よくあるケースですと、内容面が不明確なので名義変更できにくかった例があります。例えば「私の家を任せる」と書いた場合、それは「所有権を譲る」ことなのか、「維持管理をしてほしい」ということなのか不明確です。この場合「相続させる」と書けば、明確です。

このように、話し言葉や書き言葉で書いてしまうと、いかようにも読み取れたり、そもそも読み取れなかったりします。

具体的には、「私の財産の全てを任せる」という記述で名義変更ができるの

自筆証書遺言

【ポイント】自書できる力が必要!!

基本ルール

- ☑全文自筆の書面（代筆やパソコンは不可）
- ☑書いた日にちを特定できる日付を書くこと(「吉日」は不可)
- ☑氏名を書くこと
- ☑遺言者本人が押印すること

自筆証書遺言は紙とペンさえあれば作成できますが、効力要件を満たさなければ、遺言書全体またはその一部分が**無効**となってしまいます！

（出所）筆者作成

か？　ということです。前述の理由のほか、「東京府中市の財産」と書いてあって、登記簿を見たらそこに複数の不動産があった場合、どうなるのでしょう？　本人にはもう確かめようがありません。いざ遺言書をもとに手続きをしようとしたときに上手くいかないケースが起きる、それが自筆の一番のデメリットです。

公正証書は役所が管理しているため、そうしたことが起きません。資料なども全て提出し、法律用語に変えていいます。遺言書を残す人の願いや思いを聞き取って、それを法律的な言葉に変換するという役割が公証役場にはあるのです。ですから、間違いようがない内容となります。

インターネットで調べる、書籍を参考にする、という形で、自分で書く遺言書の完成度を上げようとする人もいるでしょう。しかし、フォーマットを自分仕様に変えるときに、ちょっとアレンジしてしまう、そこが落とし穴です。それらしくはできるかもしれませんが、肝心要のものが抜けるリスクがあります。料理でちょっとスパイスを加えたことで、味全体が変わってしまうようなものです。

高齢になると文字を書くのが大変になるというのも落とし穴の一つです。自筆証書遺言は、少なくとも財産部分以外の部分は自書することが求められます。複数の項目を書こうとすると遺言書1通の文字量は多くなります。働いている世代の方でもエネルギーが必要ですから、高齢になるとその負担感が増すのが通常です。私の周りでは「字が上手く書けない」「小さい文字を書くことができない」「こんなに長い文章は書けない」といって遺言書を書くのをやめてしまった方は1人や2人ではありません。もし自筆での遺言書の作成を検討される場合は、早い段階で作成することをお勧めします。

公正証書で作る際の落とし穴

では、公正証書で作る遺言書の注意点は？　それは作成にかかる時間です。役場で作る文章のため、中身を間違えないように、まず資料を提出しなければならないのです。

資料は3種類。①遺言書を残す本人の身分関係の資料、②渡す先の戸籍や住民票、③不動産に関する登記簿謄本などです。このように、「人・もの・お金」

に関する資料の提出が必要となります。

そして、資料がスムーズに集まるとは限りません。まず、印鑑登録をしていない場合。令和6年3月以降、どこの自治体でも戸籍を取得できるようになりました。しかし、過渡期ということで取得に時間がかかる自治体が多いです。もちろん、マイナンバーカードがあればコンビニエンスストアで戸籍が取得できる場合もあるのですが、全自治体に対応しているわけではありません。すると、遠隔地に証明書があるとなった場合には、それらを取得するのに時間がかかるのです。

その間に、本人の病気の進行などによって、そもそもの状況が変わってしまうこともあります。

このように、公正証書遺言の場合、すぐに遺言書を作成することができるわけではないことに注意が必要です。必要書類を集める時間的余裕を持つことが大切です。

公正証書遺言

【ポイント】自書できる力がなくても!!

①	公証役場に行き、『証人2人以上』に立ち会ってもらい、遺言者が遺言の趣旨を公証人に『口頭』で述べ、『公証人が内容を筆記』する
②	公証人が筆記内容を遺言者及び証人に読み聞かせる
③	筆記されたものを、『遺言者及び証人』が承認し、各々が『署名・捺印』する　※遺言者が署名・捺印できない状態でも、③はクリアできる
④	『公証人』が上記手続きにより遺言公正証書が作成されたことを付記して『署名・捺印』する

⇒従って、法的不備ということは、まず起こりえない

（出所）筆者作成

公証役場のスケジュール確認も必要です。予約をして出向くのが通常ですから、お住まいの地域の公証役場の場所と予約状況を確認するようにしましょう。公証役場の公証人は自宅や病院、施設に出張してくれますが、どの日も対応できるわけではありません。基本的に平日のみの対応となっていますので、出張対応が可能かどうかも事前に

公正証書遺言作成のために必要となる資料

1. **遺言者本人の本人確認資料**

   (印鑑登録証明書または運転免許証、住基カード等の顔写真入りの公的機関の発行した証明書のいずれか一つ)

2. **遺言者と相続人との続柄が分かる戸籍謄本**

   ※本籍はすぐわかりますか!?

3. **財産を相続人「以外」の人に遺贈する場合には、その人の住民票**

   (法人の場合には資格証明書)
   ※その人の住民票はすぐ手に入る?!

4. **財産の中に不動産がある場合には、その登記事項証明書(登記簿謄本)と固定資産評価証明書または固定資産税・都市計画税納税通知書中の課税明細書**

5. 公正証書遺言をする場合には、証人2人が必要なので、遺言者側で証人を用意する場合には、証人予定者の氏名、住所、生年月日及び職業をメモしたもの

(出所) 筆者作成

確認するようにしましょう。

実際に遺言を作るにあたっての落とし穴

ところで、遺言書を作ることにあたって、留意しておいたほうがいいことはあるでしょうか？

それは、遺言書を残す／残さないより、「作ったことを伝えるかどうか」がメインになるということです。遺言書を書いたことは、必ずしも家族に伝える必要はありません。しかし、遺言書を遺していることに気づいてもらえない場合、意思が伝わりません。

公正証書として遺言書を残した場合、公証役場に記録が残ります。本人が亡くなった後に検索すると、遺言が遺されているかどうかはわかります。専門家の手を借りれば、遺言書があるかどうか、全国津々浦々の役場を調べることができます。しかし、遺言書があるかどうかを役所で調べられる、ということを知っている人はまれです。

本人が亡くなったことを契機に物事が動き出す、遺言書の存在を誰が知っていて家族や関係者に伝えるかというのがテーマになってきます。遺言書の存在を誰かに伝えておく、これは、意外に大事なポイントになります。

遺言書が発見されなかった、誰かが隠したといったケースも、「ある」が答えでしょう。小説や映画のような話ですが、発覚しないケースはあるはずです。役場に保管されたまま、誰にも気づかれなかったケースもあると思います。しかし、それを防ぐ手立ては用意されていません。

遺言書のトラブルとして、例えば相続手続きが完了し、名義変更が終わった後に遺言書が出てきたら裁判で解決するということになりますし、実際にあると思います。

遺言書が複数あるケースも

先ほどの説明から「複数の遺言書がある場合もあるのではないか」と思った読者もいることでしょう。その通りで、複数の遺言書があるケースもあります。

遺言書は日付が最も後のもの（最近に作成されたもの）が有効です。しかし、その内容の有効性が争われたことによって、もし最近の遺言書が無効になれば、その一つ前のものが有効になります。まさに「小説より奇なり」ということが起きるのです。

さらには、相続人が「自分が知らない相続人がいた」と知ることもありま

【重要】全員での話し合いはできるか

①**相続人の関係性**は良好かどうか

②**相続人の中に認知症のある人**がいるか

③**相続人の中に連絡先がわからない人**がいるかどうか

④**相続人と思っていない人が相続人**になっていないか
※本人の気持ちと法律のズレ　（例）前妻との子

（出所）筆者作成

す。故人に婚外子がいた、といったケースです。そうでなくても、離婚し再婚が珍しくない昨今では、会ったこともない相続人が存在する可能性があるのです。

遺言書が存在し、その遺言書に相続の内容が書いてあれば別ですが、そうでなかった場合は話し合いが必要です。しかも、相続人全員の話し合いということになります。連絡のつかない人がいる場合はどうなるか？　全員見つかるまで、財産は保全されます。

連絡のつかない人はどう探すのか？　これは、弁護士、あるいは興信所といった専門家に依頼して探すしかありません。司法書士の立場で言いますと、職業上の権限で住所、氏名は調べることができます。そこで、「あなたは相続人です」という手紙を出すのですが、読んでも連絡をくれない、あるいは読まずに破棄されてしまうこともあります。

無理もありません。詐欺事件も多い昨今、怪しんで開封しないことも、開けたとしても連絡をためらう人が多いということです。こうして相続は暗礁に乗り上げてしまいます。

このようなトラブルで相続人に迷惑をかけることを防ぐためにも、遺言書はきちんと作っておく必要があります。中にはもちろん、遺言書があっても解決しないケースもあるでしょう。しかし、先々どういうことが待ち受けているのかを知っておくことが必要です。

相続人が誰かということの落とし穴

「自分は親子の縁を切っているので子どもはいますが、子どもは相続人じゃありません」。このようにおっしゃる方がいます。確かにご本人の中では親子の縁を切っているのですが、法的にはそうはいきません。養子縁組をした後に離縁した場合は別ですが、親子の関係を断つことはできません。ご本人がどのように思っていようとも相続の関係者になります。先ほどもお伝えしましたが、相続人の協力が必要になる場合は、例え連絡先がわからなくても探す必要があります。

日本でも離婚・再婚が一般的になってきました。離婚した者同士がお互いの相続で相続人になることはありません。離婚した相手の相続とは無関係になります。ただ、子どもは別です。離婚した相手との間に子どもがいれば、その子どもは相続人となります。関係性が良好であるかどうかは問いません。本人がどう思っていたとしても相続人になるのです。

相続放棄の手続きをすれば相続とは無関係になりますが、自動的に相続放棄が認められるわけではありません。相続を放棄したい相続人が家庭裁判所に必要書類を提出して初めて相続人でないとみなされます。

前夫（前妻）との間に子どもがいて、後夫（後妻）との間にも子どもがいるような方は相続に備えることが必要です。遺言書を作るのも大事な備えになります。遺留分という制度に対するケアが必要になりますので、私のような司法書士や法律専門職に相談することをお勧めします。

子どものいないご夫婦も相続人の範囲を間違いやすいので注意が必要です。夫婦二人の家族のどちらかが亡くなった場合、残された夫（妻）だけが相続人に

相続人それぞれの相続分の確認

相続財産の分け方の一応の基準となる相続割合

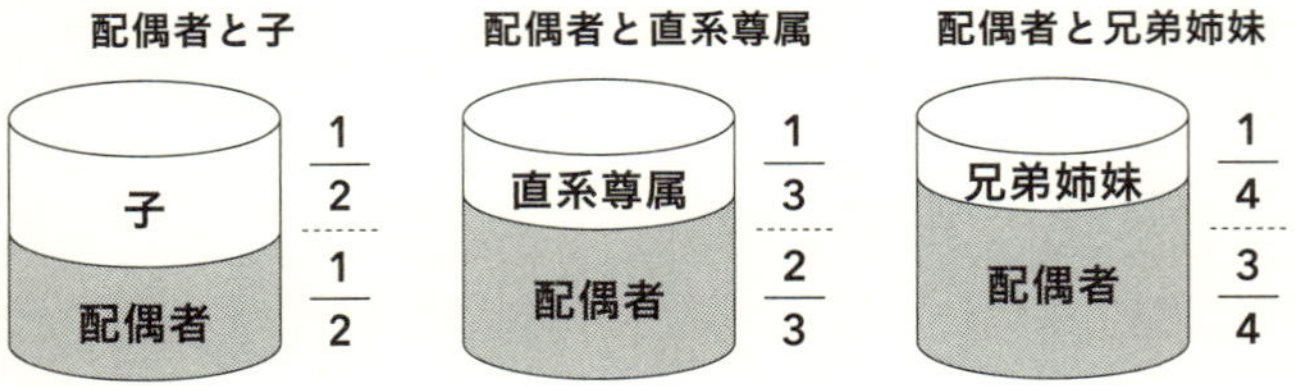

※同順位の血族相続人が複数人いるときの各人の相続分は原則として均等
※誰も相続人がいない場合、財産は【国庫】へ帰属します

おひとりさまの財産も最終的には国へ!?

（出所）筆者作成

なると勘違いしている人が意外と多いです。しかし、法律ではそうなっておらず、多くの場合で亡くなった結婚相手の兄弟姉妹（あるいはその兄弟姉妹の子）も相続人となります。つまり、義理の親族が相続人となるのです。自分の兄弟姉妹であればまだ相続の財産に関する話を切り出しやすいかもしれませんが、義理となればハードルが高くなりま

民法で定める【法定相続人】とは？

【法定相続人】とは……民法で定められた相続人の範囲

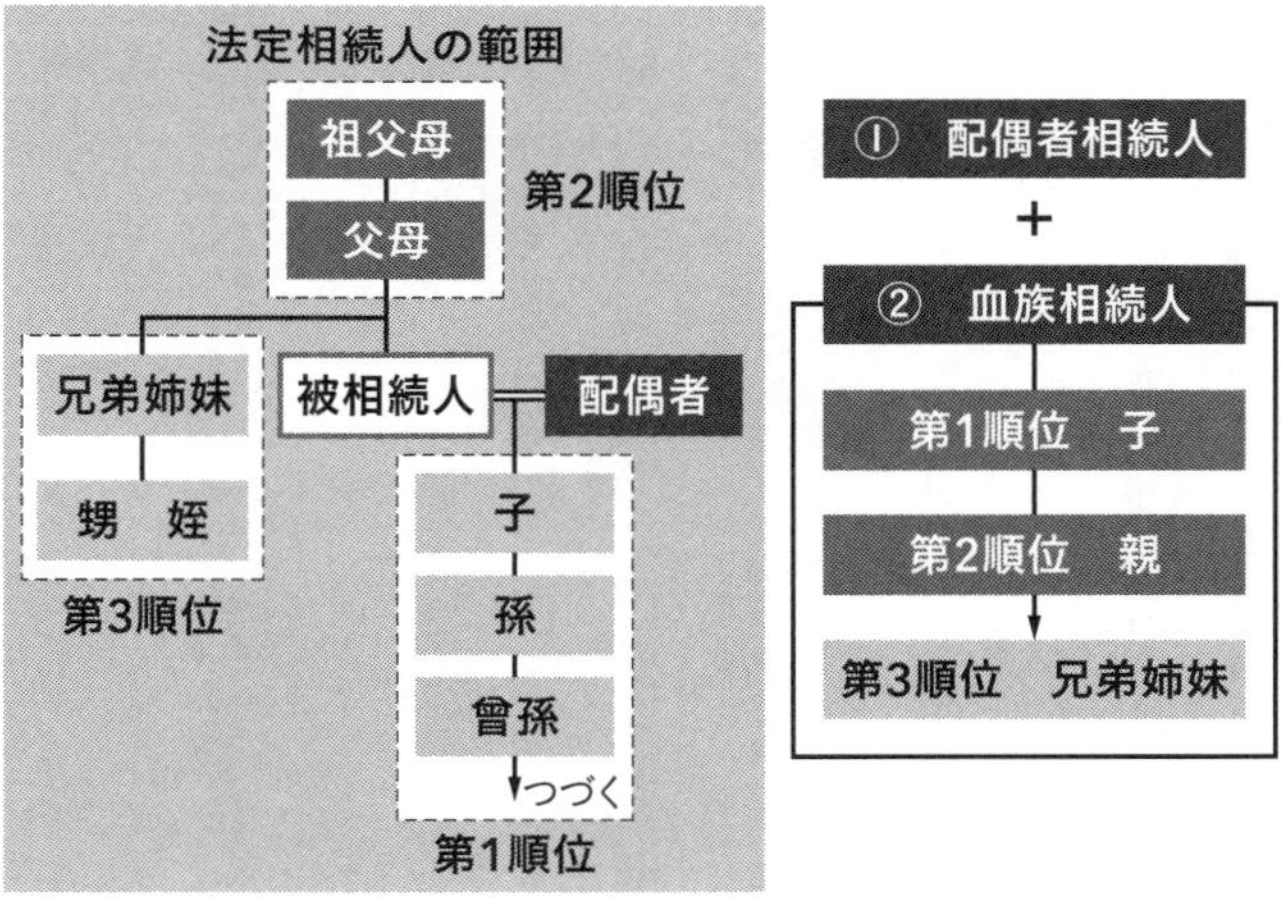

（出所）筆者作成

す。義理の家族が相続人となって望まぬ結果になる方は、遺言書を作成し、その結果を防ぎましょう。

相続の落とし穴に落ちないためには、自分の相続人は誰になるか、自分は誰の相続人となるかということを確認しておくことが大切です。

認知症と相続の落とし穴

遺言書の解説をする際に、「認知症になった後も遺言書は作れる」という話をしました。しかしその際に付け加えたように、それが相続トラブルに発展する可能性はあります。作成の日付を見て「あのときは、すでに本人の認知症が進んでいたため、遺言書は無効」と主張する相続人が出てくる可能性です。

実際のトラブル例を、事実を少し変えてお話しします。認知症の女性が「孫の太郎に全財産を相続させる」という遺言書を作成しました。裕福な家庭だったので、子どもたちは生前からそれぞれ経済的な恩恵を受けてはいたのですが、その差に不満もあったようです。そして死後に、そうした内容の遺言書が出てきました。

その方は、最終的に施設に入っていました。しかし緊急連絡先も、実際に面会に行くのも長男の家族のみでした。それが最終的に、長男夫婦の子、「孫の太郎」への遺言となったわけです。

そうならないためにも一番大事なことは、早いうちから争いの種になるような状態を作らない、に尽きるでしょう。

相続放棄の落とし穴

今までは、プラスの相続財産がある場合の話でした。でも財産には、プラスの財産もあれば、借金のようなマイナスの財産も存在します。相続人の立場として気を付けたいのは「マイナスの財産」も相続できてしまう、という事実です。

故人には誰にも言えない借金があった、実は誰かの保証人になっている、というケースが多々あります。相続人が「借金があるとは聞いていなかった」ことも多いのです。

もちろん、マイナスの遺産を避ける方法はあります。相続放棄です。

しかしそこにも、相続の落とし穴があります。相続を放棄できるのは、相続があることを知ってから3カ月以内でなければいけないのです。もちろん放棄するかどうかというのを考える期間を延ばしてくれる制度はあるのですが、基本的には3カ月です。初七日が終わって四十九日をして……、と時間が過ぎていく中、3カ月というのはあっという間です。

相続放棄でよくある相談の中で、大きな誤解を感じています。それは、相続は基本もらうか／もらわないか、ゼロか100か、ということです。厳密に言うとそうではないのですが、分かりやすく言いますと「借金だけは相続したくない」などという、上手い話はありません。プラスの財産もマイナスの財産も全部まとめて「引き継ぐか、引き継がないか」のどちらかなのです。

特に、故人が「保証人になっているかどうか」は、分かりません。銀行からお金を借りているとか消費者金融に借金があるかどうか、これは調査できます。信用情報という言葉を聞いたことはあるでしょうか？　つまり「ブラックリストに載る、載らない」ということです。相続人の立場からこのような調査はできるのですが、「友だちの借金の保証人になっているか」どうかは分かりません。

商家や事業をしている場合を除き、多くの人は、「親には、借金なんてないだろう」と思っているはずです。そして、いったん相続してしまうと放棄ができないので、逆戻りできません。

請求が来たので急いで相続を放棄した、という例もありました。故人に税金の滞納があり、役所が相続人を調べて税金を請求してきたのです。また疎遠になっていた兄弟がいて、その兄弟の相続人だから何十万払いなさいという連絡が役所から来たので、大急ぎで相続放棄した、という事例もあります。

共同名義になっていた時の相続の落とし穴

都市部を中心に、不動産価格が上昇し続けています。自分のマイホームを親との共同名義にしている方もいるかもしれません。その場合、相続が起きると親の名義を子どもの世代に書き換えることになります。その際には、住んでいる人だけが相続人ではなくなるケースもあります。

例えば長男の住んでいる土地家屋が父と長男の共同名義で、次男と長女はそれぞれの自宅に住んでいた場合。父が亡くなり、その財産は預貯金が500万円、土地が1億円（父の名義）、建物が5000万円（父と長男1／2ずつの名義）だったとします。

長男が土地建物を相続して、次男と長女が現金を250万円ずつ相続する、となると、ふたりは納得しない可能性が高いでしょう。現金が欲しいとなれば、場合によっては不動産を売らなければならなくなります。また、居住していないふたりは価格上昇を見込んで「将来的に売却したい」という意思を持ちつつ、きょうだい全員の共同名義に賛成することも考えられます。

相続が〝争族〟にならないように気をつけるべきこと

意外かもしれませんが、1000万円以下の相続でもトラブルが多発しています。「争族」にならないようにするポイントは、親が財産についてどうしてほしいかを子どもに意思表示すること、それを家族で共有することです。

一番トラブルになりやすいのは子どもに任せる、というやり方です。うちは揉めないとおっしゃる家族ほど、子どもに任せるやり方を取る傾向にあります。親の意思が明確であれば子どもは親の意思に従う傾向が見られます。逆に不明確であれば子ども同士の思惑が表面化してトラブルに発展しやすいです。

親御さんは元気なうちに財産をどうするかを子どもに明確に伝えておくのが

大事です。

資産1000万円以下の場合、親の最期をどちらが多く面倒をみたかといったことや、親の生活の維持のためにどの程度援助したかといったことでトラブルになる傾向があります。

残された資産を、親に対する貢献度によって分配するべきだという声が出てきますが、法律上決められた相続分は、子ども同士は平等なので、話し合いが上手くまとまらず裁判に発展することがあります。

裁判になると費用も時間もかかりますし、兄弟姉妹の縁が切れることにもなりかねません。そういった事態に陥らないように予防の視点で相続の準備を進めていくことが大切です。

相続法が改正され、登記が義務に

個々の家族の事情によって、改正に注意する点は異なります。大切なことは財産に関する法律が数年で変わっているということです。法律の改正がなされたことを知ること、そしてその改正が自分たち家族にどう影響するかを知ることが必要です。法律の改正情報に詳しい法律専門職に相談することも重要になってきます。

例えばですが、2024年4月1日から相続登記が義務化されました。相続・遺贈によって不動産の取得を知った人は、知ってから3年以内に、相続

（遺贈）登記を申請することを義務づけられました。この法律に違反した人は10万円以下の過料の対象となります。

制度が始まったのは2024年4月1日ですが、それ以前に相続が発生したものの依然として、相続登記・変更登記が済んでいない不動産についても適用があります。つまり、亡くなった人の名義のままにしている不動産も対象になっているので、できるだけ早く相続登記を行う必要があると言えるでしょう。たとえば、実家を相続したが、登記簿は親の名義のまま放置していませんか。手間も費用もかかりますが、先送りせずに対応しましょう。

エンディングノートの落とし穴

近年、遺言書とまではいかなくても、自分の死後の意思を綴っておくエンディングノートが流行しています。司法書士から見た、エンディングノートのメリットとデメリットを整理しておきましょう。

デメリットは二つです。まず、よく言われるのが「書くのがおっくうだ」ということ。特に市販のものは、工夫が凝らされている半面、非常に多くのテーマについて細々と書かなければなりません。「書く量が多く、書いている間に気が滅入ってしまう」「全部埋めようと思うと気持ちもエネルギーも削られてしまう」といったことです。

二つ目は、現状把握の状況の鮮度が保てないことです。1冊書いたとして、それを書き換える人がどの程度いるのか？　ということです。1冊買って上書きしていく人は少数派だと推測します。では、スケジュール帳のように毎年買うでしょうか？「3年前には書いた」といっても、それは3年前の情報です。情報の鮮度、気持ちの鮮度が保てないので必要な時とのギャップが起きるというデメリットがあると思います。

遺言書でもそうですが、書いておくことによって、本人の意思を伝える手がかりにはなりますので、それはプラスです。古い情報であっても、役に立つことはある。しかしそれは、完全ではないということは理解しておかなければなりません。

さらに、これは大前提としてですが、エンディングノートには、法的な力はありません。ですから、エンディングノートは遺言書そのものにはなりません。

ただ、私の立場から言いますと、自分の相続まわりの話はしておいたほうが絶対いい。そして財産の現状把握や財産の健康状態は高く保っているほうがいいと思っています。そうした意味から、エンディングノートは遺しておくことをお勧めします。その際には、自分にとって重要な部分だけ書くだけで十分です。必ずしも全部埋める必要はありません。

「生前整理」で一番大事なこと

代表的なものとして、家財道具や洋服を処分することは生前整理の一つです。不要なものを整理してコンパクトにしていくということです。

それ以外にも、資産を棚卸しすることも生前整理の一環です。預貯金や保険、株や投資信託といった手持ち資産の内容を把握すること自体が整理になります。棚卸しの過程で不要な資産があれば売却するといったこともあるでしょう。

自分自身で今後どんな生活を送っていきたいかを考えて、それに必要なものに優先順位をつけていくことが生前整理と言えるでしょう。

例えばですが、金融機関の口座を一つにまとめるだけでも、家族の相続手続きは、相当楽になります。というのは、口座の数が分からないと、永遠に探し続けることになるため、口座の数を減らすだけで財産の把握は簡単になります。

ただ、預貯金があっても口座が凍結してしまって利用できなくなっては本末転倒です。先ほど説明した通り、意思判断能力が低下した場合に備えて、代理人制度（注：金融機関独自の仕組みで金融機関ごとによってサービス内容が異なります）の利用を検討したり、任意後見や家族信託の仕組みの導入を検討したりするとよいでしょう。相続手続きの前段階の生活が、不安なく充実して過ごせるように考えていくのがよいでしょう。

そのほか、預貯金の通帳・印鑑・カードの保管場所、暗証番号も可能であれば、事前に伝えておくべきです。

ただ、一番大切なことは、その預貯金で自分がどのように生活していきたいか、自分が何を大切にしているかを共有することです。預貯金を使えるようにすることは大事です。しかし、もっと大事なことはその預貯金をどのように使うのか、渡すのかということです。そこを家族で共有できていないと、預貯金が「ある」だけになりかねません。「これでよかったのか」「本当に望んでいたのか」といった心残りが出てこないように、先に逝く側も、残る側も後悔しないよう、元気なうちに話し合っておきたい事柄です。

資産目録を作成する際に、何に注意すべきか

資産の目録は、必ず作っておいたほうがいいと思います。なぜなら、自身の現状把握をすることもでき、自分自身の為にもなるからです。例えばですが、余剰資産の活用を考えたり、保険の見直しをしたりするキッカケにもなったりします。また、家族や親しい人にとっては、相続の際に、その目録が重要な道しるべになるからです。

介護をするときであるとか、相続の手続きを進めるときであるとか、どこに何があるか分からないのは、非常に大変です。そのため、目録を作り、どれだけ資産があるかを伝えること、そして自分も把握することができるのは大きな

メリットです。

そして、注意点としては「完璧を求めないこと」です。完璧を求めると、多くの方が途中で挫折してしまう傾向にあります。例えばですが、不動産の権利証、保険証書、通帳といった重要な書類のコピーのみをファイルに入れておくといった方法だけでも十分有効です。

デジタル遺品とは

デジタル遺品については、まずその存在に家族が気づくことができるかということに注意が必要です。というのは、故人しか知り得ない財産であるため、存在を知らせることが一番大事です。

そして、パソコンやスマホのデータ、携帯会社との契約、ネット銀行・ネット証券のパスワードなど、デジタルをめぐる相続トラブルが増えております。これらを生前にどう整理しておくべきなのでしょうか。まずは「いざという時のためにＩＤとパスワードがわかるようにしておくこと」が大事です。これらの財産にはマイページがあり、ログインできれば非常に手間が省けます。

ＩＤとパスワードがわからなくても最終的に相続することは可能ですが、手続きに時間と労力が非常にかかりますので、事前に把握できるようにしておくと後々の手続きが非常にスムーズに進みます。

もっとも、注意が必要なこともあります。それは、パソコンや携帯自体にログインできるかどうかということです。パソコンや携帯もセキュリティが高く、電源を入れただけではアクセスできないことも多いです。そうすると、デジタル財産やネット銀行、証券、暗号資産の管理画面にたどり着くこともできません。自分自身以外の人から資産を守るためのセキュリティの高さが仇にならないよう、セキュリティと先々の手続きのバランスを考えたいところです。

「自宅の終活」とは

聞いたことがあるかもしれませんが、「空き家対策は相続発生後では遅い」というのは本当です。なぜなら、不動産の処分には時間がかかることが多いからです。もちろん、場所や築年数によっても処分のしやすさは異なります。都心の築年数の浅いマンションであれば、すぐに買い手が見つかるかもしれませんが、地方の物件は難しいことも多いです。また、戸建ての場合、隣地との境界線が決まっていなかったり、不明確であったりすると、買主が見つかりにくいということもあります。

とはいえ、空き家であっても所有者としての責任は負い続けます。具体的には、建物が倒壊した場合に生じた責任等です。一定の費用を支払って国に帰属させる制度もスタートしましたが、土地に限られており、建物を国に引き取ってもらうことはできません。

損して得を取るというわけではありませんが、家じまいをするのであれば早めに手を打つのが鉄則と言えるでしょう。

「墓じまい」の上手なやり方

そもそも、墓じまいについては、なぜ墓じまいをするのか、まず家族で話し合うことが大切です。先祖との関わり合いや拠り所とする思いと関係してくるので、じっくり時間をかけていくという視点を持つことが大事です。

また、地域や墓の規模、宗派によって墓じまいにかかる費用が異なります。どれくらいの費用と時間がかかるかを調べておくことも大事です。

墓じまいを行うには役所への届け出も必要です。役所の手続きがどうなっているかを確認することも大切です。

おひとりさまの相続

「おひとりさま」も様々です。全く相続人がいない方もいる一方で、相続人はいるけれど疎遠になっていたり、財産を渡したくないといった事情のおひとりさまもいらっしゃいます。

まずは、自分が思う家族と、法律上相続が関係する家族が一致しているかを確認することが第一歩になります。思わぬ人が相続人になる人もいるでしょう。全く相続人がいない方の場合、財産は最終的に国に帰属してしまいます。誰が相続手続きの関係者になるかを把握し、誰に何をどれだけ引き継がせたいかを考えることが大事になるでしょう。その気持ちを叶える手段が遺言書です。遺言書の作成を検討するといいでしょう。

あと、おひとりさまの万が一の時に気をつけることは、死後の手続きをしてくれる人を見つけておくことです。亡くなった後は自分自身で手続きすることはできません。役所も簡単に手続きを行うことはできません。この人に頼みたいという人を見つけて、死後の事務手続きを委任する契約（死後事務委任契約）を結んでおくと安心です。

死後事務委任契約と落とし穴

本人が亡くなった後の事務手続きを、契約によって依頼することを死後事務委任契約といいます。「死後」の代表例といえば、今まで見てきた遺言でしょう。ただし、遺言は遺産に関してのみ法的効力を有するものです。葬儀や埋葬などの死後の事務は、遺言の付言事項で言及しても法的な効力はないため、注意が必要です。

死亡後に葬儀や納骨、遺品整理、契約の解約や清算が必要な人に活用してほしい仕組みが「死後事務委任」です。「死亡」後の心配事は、遺産相続だけではありません。そもそも死亡直後のさまざまな手続きが終わらなければ、相続の

死後事務委任契約とは?

①自ら死後のことを決めることで、残された人の「わからない」「決められない」を減らすことができる

②死後のことに関する悩みが減ることで、自分が「今」を生き切ることができるようになる

③自分自身と、その周囲の人へのメッセージ

（出所）筆者作成

話も始まらないのが一般的でしょう。

例えば「死亡届」。ところで、おひとりさまの死亡届は誰が出すのでしょうか。「友人に出してもらえばいい」、そう考えている方も多いようです。しかし、実は不動産を管理する人たち（家主、地主、家屋管理人、土地管理人など）、もしくは後見人（保佐人、補助人、任意後見人、任意後見受任者）しか提出できません。

「死後」のさまざまな手続きを家族や親族に一切頼みたくないという意思を持っているおひとりさまも大勢います。該当する方は、死亡届の提出をはじめとする死後の手続きなどをどうするか、について考えておく必要があります。

まず死亡届については、任意後見人や法定後見人

が選任されていれば解決します。ただし成年後見制度は本人の判断能力を補完するもので、サービスの提供は基本的に「生前」のみです。死亡届の提出はしてもらえますが、葬儀やお墓の管理はお願いできません。「死亡届の提出を最後に、その契約は解消される」と捉えると分かりやすいでしょう。

そのため、もしも葬儀やお墓の管理、様々な料金の清算などを誰かに託したいという場合は、成年後見制度とは別に死後事務委任（エンディング）の契約が選択肢となります。

死後事務委任とは、本人が亡くなった「後」の事務手続きを委任する制度です。誰に何をどこまでやってほしいかを書面にして遺します。遺言は、財産を誰にどれだけ遺すかを示すものですが、死後事務委任では葬儀の手続きや、お墓のことなどを委任できます。

ただし死後事務を委任された「死後事務受任者」は、後見人と異なり死亡届は提出できません。そのため、任意後見契約とセットで契約することをお勧めしています。これは司法書士などの法律職だけでなく、親族や友人などにお願いすることも可能です。

認知機能が低下する前なら、遺言書の作成と死後事務委任契約をお勧めします。公証人は病院に出張してくれるので、時間的な余裕があれば公正証書遺言を、時間的な余裕がなければ自筆証書遺言をお勧めします。

そして死後事務委任契約をする際に、亡くなったあとに必要なお金の話をします。どれくらい必要であるかの話をする中で、本人の手持ちの資産がどれくらいあるかを踏み込んで聞いていき、「預かり金」という形で生前に必要な金額を預かります。また、遺言で遺言執行者に指名されていれば遺産を調査できるので、遺言執行者になり、財産調査をします。

財産状況が具体的になれば、親族の対応が変わる可能性もあります。自分たちが負担しなくてもよいことが安心材料になるからです。また、葬儀などの段取りは契約した司法書士などが行い、親族への負担もなくなります。

さらに遺言の内容を実現する遺言執行者に就き、かつ死後事務委任契約で死後に事務を担う立場になることができれば、身寄りがない状態を脱することができます。

これらは家族がいればできるようなことです。具体的には、亡くなると役所に保険証を返すなど、細々とした届け出があります。水道、光熱などさまざまな契約を切っていくということもあります。そのあたりは家族がいれば事務手続きできるのですが、いないケースと、家族がいても関係性が悪い場合は本人以外の誰かが必要なのです。

「恐らく、やる人がいない」ときの手続きをする契約であり、最近は使われるケースが多くなっています。これは、それだけおひとりさまの数が増えていることを示しています。また、高齢の夫婦が、こうした手続きを難なく行うのは難しい、ということも示しています。

「死後」には、遺体の火葬・納骨が必要です。家族や親族がいない、あるいは

死後にどんな手続きが必要？

本人（被相続人）の亡くなった日

- 死亡届の提出
- 火葬、埋葬許可証の交付申請

7日以内

葬儀

- 葬祭費、埋葬料の請求
- 高額療養費の請求
- 公的年金の手続き
- 公共料金の変更手続き

速やかに

四十九日法要

- 相続人の調査
- 遺産、負債の調査
- 遺言書の確認

3か月以内

相続の承認または放棄

- 準確定申告書の作成

4か月以内

準確定申告および納税または還付

- 相続人の確定
- 相続財産の確定
- 遺産分割協議
- 遺産分割協議書の作成
- 不動産登記申請書の作成
- 金融機関相続手続き書類の作成

速やかに

不動産や預貯金の各種名義変更手続き

- 相続税申告書の作成

10か月以内

相続税申告および納税

（出所）筆者作成

何かしらの理由で疎遠になっていて引き取り手のない方の場合、「墓地、埋葬等による法律」によって、市町村が火葬することになります。その際に遺骨の引き取りや火葬代の支払いのために、市町村が相続人を調査し連絡します。「親子の縁を切りたい」「自分が亡くなっても相続人に連絡してほしくない」という相談を受けることがありますが、法律上、実の親子の縁を切ることはできず、市町村から何かしらの形で連絡が入ることになります。つまり、親子の縁は続いているのです。そのため何も対策をしないまま亡くなった場合、周囲に迷惑をかけたくないという気持ちとは裏腹に、多数の関係者を巻き込むことになります。

それを防ぐためには、「死後事務委任契約」を司法書士との間で締結し、死後の葬儀と納骨、賃貸の家の残置物処理を進められるようにしましょう。死後事務委任契約とは、医療費や施設利用料などの支払い、葬儀や埋葬、行政への届け出など、「死後」に必要となる様々な手続きを委任できる契約なのです。

死後事務委任契約でできる主なこと

①**医療費の支払い**に関する事務
②**家賃**・地代・管理費等の**支払い**と敷金・保証金等の支払いに関する事務
③老人ホーム等の**施設利用料の支払いと入居一時金等の受領**に関する事務
④**通夜、告別式、火葬、納骨、埋葬**に関する事務
⑤菩提寺の選定、墓石建立に関する事務
⑥**永代供養**に関する事務
⑦相続財産管理人の選任申立手続きに関する事務
⑧**賃借建物明渡し**に関する事務
⑨**行政官庁等への諸届け**事務
⑩以上の各事務に関する費用の支払い

（注）希望は多いが実現が難しいこと
→親族に連絡しないでほしい。**献体**してほしい。
（出所）筆者作成

死後事務委任は、法律職に依頼することもできます。その法律職の報酬体系によって違いますが、手数料だけで30万円以上と、費用がかかります。葬儀代や死亡後に必要な支払いなどの実費も合わせると、死後に必要な経費は50万円以上することもあるので、法律職に死後事務を委任する場合は、最低でも合計100万円は必要でしょう。

一方、死後事務委任は友人

死後事務委任契約による仕組みづくり

死後事務委任契約とは？

委任者（本人）が**生前に**第三者（個人、法人を含む）に対し、亡くなった**後**の諸手続き、葬儀、納骨、埋葬に関する事務等についての代理権を付与して、死後事務を委任する契約。

【私文書で作成した場合】　確定日付 取得代金700円
【公証役場で作成した場合】　手数料11,000円＋正本謄本代（3,000円）程度
【公証役場に持参するもの】　実印、印鑑証明書（3か月以内のもの）、運転免許証等
※司法書士手数料は別途必要

（出所）筆者作成

など親族以外に依頼することも可能です。その際に大切なことを、次に述べておきます。

遺言で友人に全財産を相続させることにして、死後の諸々もその友人にお願いする旨を遺言の付言事項に記載するという方法もあります。しかし先ほども触れたように、遺言は遺産相続以外に関して法的な効力を持ちません。友人が遺産のみを受け取って死後の事務処理を全て拒否してしまうことを、法的に防ぐことはできないのです。その点、死後事務委任は委任内容が契約として残っていること

死後事務委任契約の仕組みづくりはどんな人に必要？

死後事務委任契約があればいいと思われる方

- ☑**独身者（未婚、離婚経験、配偶者と死別）**
- ☑**子どものいないご夫婦（配偶者が認知症、移動に不自由）**
- ☑**兄弟姉妹がいない人、内縁関係や、同性パートナーと暮らしている人**
- ☑**親族と不仲である、親族と疎遠である人**
- ☑**親族が遠方に住んでいる、親族が高齢である人**

おひとりさまにも**様々なおひとりさま**がいるということを知る。

（出所）筆者作成

が強みとなります。

死後事務委任をお勧めしたいおひとりさまを表に示します。「おひとりさま」といっても「おひとり」に至った状況はさまざまで、また、パートナーがいても内縁や同性の場合は、家族・親族と認められていないために、「死後」の事務が行えないこともあります。

遺言書の付言事項を効果的に使う

遺言書には、ぜひ知ってほしい機能があります。それは「付言事項」です。述べてきたように、遺言によって定めることが可能な事項は法律で決められており、それは財産の分け方に関することなどです。それ以外の事項（付言事項）を遺言に記載しても、それは法律上の効力を持ちません。しかし、残された人に対してメッセージを遺す機能はあります。

付言事項には内容に関する制限はなく、自由に記載できます。遺言書を作成する理由、これまでの人生を振り返って、どんな人生であったかを、後に残される方へのメッセージとして言葉にされる人もいます。感謝の気持ちや愛情といった、普段は面と向かって伝えることができないことも遺言書を媒介にすれば伝えることができます。墓守のことや、葬儀に関する意向などを記載することも可能です。

自分の人生を振り返り、自分の将来を考えることや伝えることは暗いことではありません。「遺言書なんて縁起でもない」と言われることがあります。しかし、縁起でもない話は縁起でもないと思ううちにしかできません。誰しも「また明日は来る」と思うものですが、交通事故や突然の病気で、明日は来ないかもしれません。あるいは、意思疎通が難しくなるかもしれません。遺言書を作成する過程で自分の死を真剣に考えることは、自分の生を真剣に考えることにつながるのではないでしょうか。

遺言書と家族信託の使い分け

遺言書は、遺言者（財産の所有者）が亡くなった後に初めて効力が生じます。つまり、死後に、誰に、何を、どれだけ渡すかということを決めておくのが遺言書ということになります。

一方、家族信託は、生前から財産の管理・運用・処分を家族に託す仕組みです。契約時点で死後に誰に、何を、どれだけ渡すかということを決めておくのが通常です。

誰に、何を、どれだけ渡すかということを決められる点は共通ですが、生前から財産の管理・運用・処分まで任せられるという点に大きな違いがあります。

家族信託（民事信託）の仕組み

実際は他人同士でやることはない

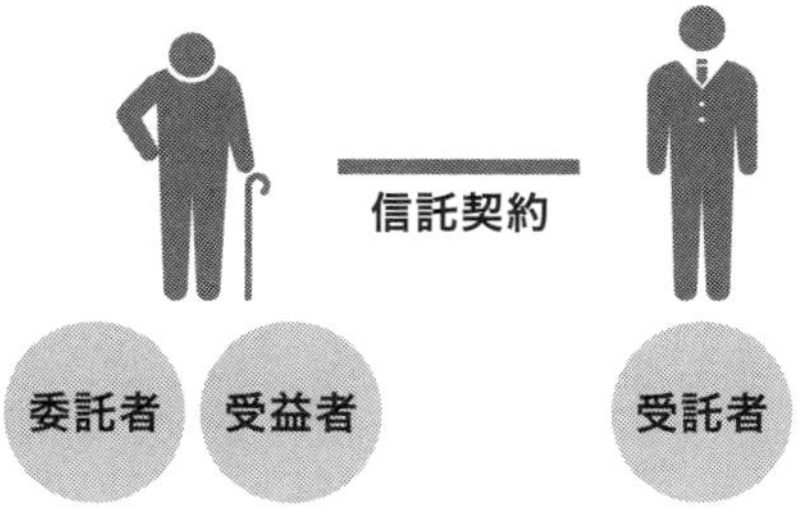

受託者は、所有者にはなるものの、**利益を受けることはできず、受益者のための各種の義務を負う。**
自分以外の財産を管理するときと同じような義務を負う。

→**誰を**信じて、**何を**、**どこまで**託するか。
「家族」の間で信託契約を締結して、財産を管理するので、「家族」信託という呼ばれ方をします。

（出所）筆者作成

認知症や病気によって、自身で財産を管理することが難しくなることに備えたい場合は家族信託を利用することが選択肢になります。

信託の仕組みと落とし穴

成年後見制度、特に任意後見制度と比較されるのが、家族信託（民事信託）です。これは、家族や親族の中から信頼できる人を指定して、契約で決めた部分の財産管理を委ねることができる仕組みです。認知機能が低下する前から契約を発効でき、死亡したあとも契約を続けることができるため、「生前」も「死後」も有効です。ただし後見制度と異なり、国の監督が入りません。家族内で、国の監督なしに財産管理をしたい方のニーズに沿う制度といえるでしょう。

信託した財産は、本人から託された人に所有権が移ります。後見人のように本人の代理人になるわけではなく、託された人が財産の所有者になります。ただし、贈与ではありません。実質的な所有者は本人のままである点が、家族信託のキーポイントです。託された人は、財産の所有者として財産を管理・運用・処分できます。しかしあくまでも「本人のために」、本人の意思を尊重しながら、本人の財産を管理していくのが家族信託の活用方法です。

家族信託は、次のような場面で強みを発揮します。例えば託された不動産を売却しようと思った場合、不動産屋には託された人が出向いて契約すればよ

家族信託（民事信託）と任意後見の比較

比較項目	家族信託	任意後見制度
いつ契約をするか	判断能力がある元気なうち	判断能力がある元気なうち
いつ契約の効力が発生するか	契約を結んだとき（条件をつけることも可）	判断能力が衰えて、任意後見監督人の選任申立をしたとき
財産を管理する人は誰か	自分で決めた人	自分で決めた人
頼める範囲	信託した財産管理のみ（行政手続きや医療に関する手続きは含まれない）	行政手続や医療に関する手続から、全ての財産管理まで
管理者への報酬	任意に決めることができる	任意に決めることができる
監督機関	必須ではない	裁判所。任意後見監督人が必ず裁判所によって選任される
財産管理の深さ	処分や投資的な行為も可能。	基本的には現状維持
遺言の機能をつけられるか	可能	不可
初期費用、ランニング費用	初期：30万円～ ランニング：契約による	初期：10万円～20万円 ランニング：契約による 監督人報酬：1万円～／月

（出所）筆者作成

く、本人不在でも構いません。仮に本人の判断力が低下し、ひとりでは契約できない場合であっても、問題なく不動産を売却できます。

もし家族信託の仕組みを利用していなければ、本人に判断力がないとみなされた場合、不動産を売却するには法定後見制度を利用する必要が出てきます。今まで述べたように、そこには時間、また専門家に依頼する場合には費用がかかります。

将来本人の判断能力が低下した後でも、法定後見制度を利用することなく、財産を託された家族や親族の判断で本人の財産を管理・処分できるようにするのが家族信託の仕組みです。また本人が亡くなった後も、何代かにわたって財産管理の仕組みを続けることも可能です。

信託は、認知症対策でも効力を発揮します。投資をしている方は、投資信託（ファンド）の仕組みをイメージしてみてください。基本はそれと同じです。自分の財産を託して管理、運用をしてもらい、利益を得るという仕組みです。これ

信託できる財産とその他の財産について

委託者（父）の全ての財産の中から信託する財産を自由に選択する。ただし、できないものもある。

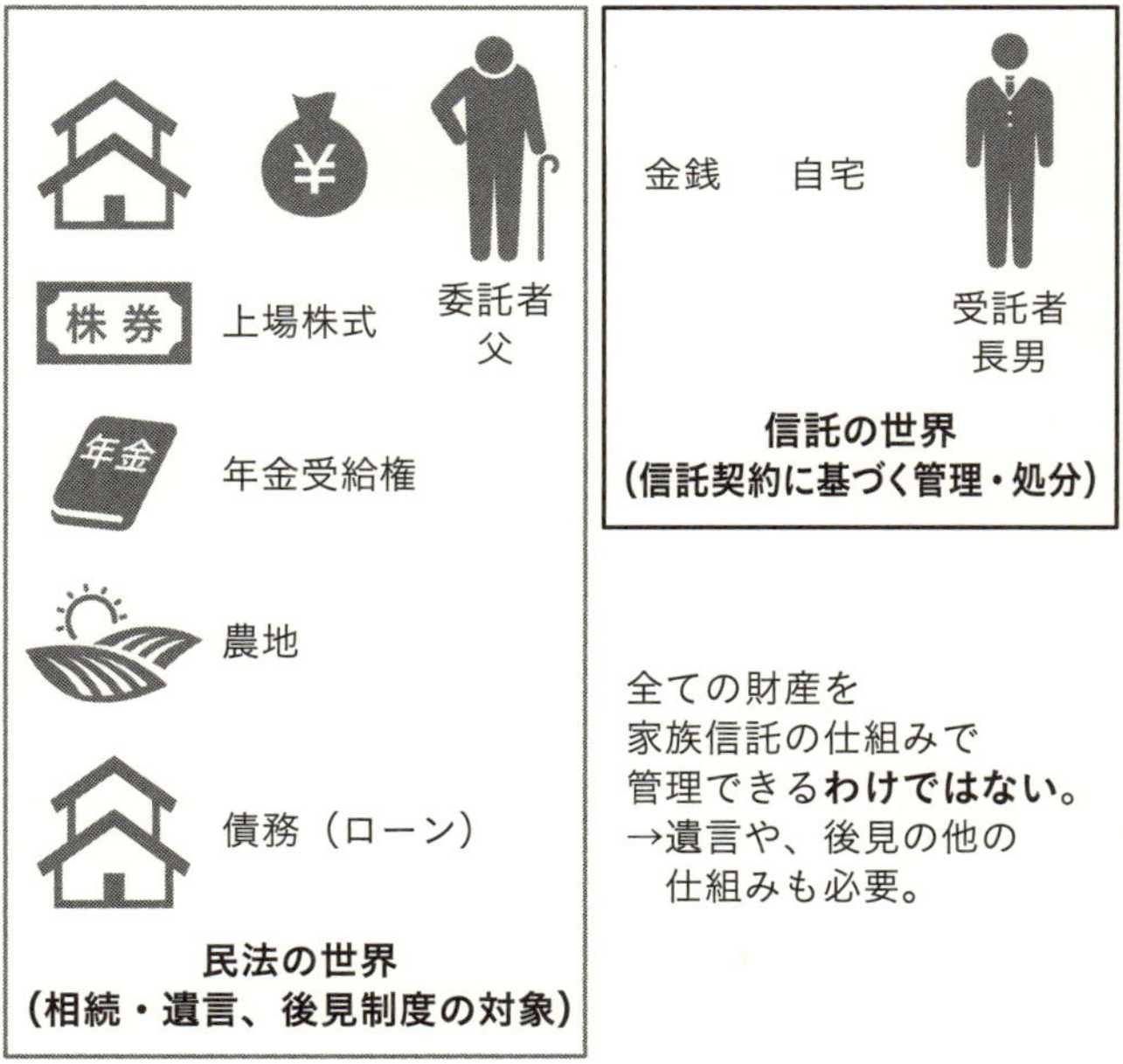

（出所）筆者作成

家族信託（民事信託）の活用場面

◆**実家の売却**に備えて実家と金銭を信託。

◆子どもの中に知的障害のある子どもがいて、管理者付きで財産を渡したいというニーズに応えるための信託。
親なき（親が判断能力喪失、死亡、管理不可能）**あと**のための信託。

◆**浪費**家の家族の財産管理のための信託。

◆**税対策**のための信託。

◆**株式の信託。**
皆さんの中にも事業所（株式会社）を経営しておられる方がいらっしゃるはずです。

もしものときのために会社運営と社員が困らないために。

（出所）筆者作成

を家族間で行うのです。

その多くは認知症対策のためなので、親の判断能力が低下してきたときなどに財産の名義を子に変更して託します。それを管理してもらい、自分は利益を受けるイメージです。

例えば、親の老後資金が足りなくなり、自宅を売るという話になったときであっても、あらかじめ信託して子どもに名義を変えておけば、売却に支障は生じなくなります。

このように、信託はとても便利な仕組みです。しかし文字通り「信じて託す」制度であり、名義を手放してしまうわけですから、よほどの信頼関係がないとできません。

投資信託が中途解約できるように、途中でやめることももちろんできます。しかし運用が失敗したことで損失を被ることももちろんあります。身内とはいえ、どのように管理してもらうかは相手を見定め、見極めて託す必要があります。

ペットも守れる

現代においては、ペットは家族の一員です。そしてペットもまた長生きします。自分が認知症を発症した場合、また万が一の場合に、ペットが心配な高齢者も多いのです。

信託の仕組みを使えば、第三者にお金を託しておいて「うちの子の面倒はこれで見てください」という活用もできます。

ところでペットは、法律的には財産の一つとされます。家や土地は「不」動産というのに対して、動物は動産になります。実はパソコンやテレビなどと同じ扱いで、所有者が亡くなれば相続の対象になります。親族を含め、引き取り手が見つからないと、最悪の場合、殺処分される可能性があります。

そこで遺言書を用いて、ペットの所有権と当面の生活費を動物愛護団体に寄付する方法もあります。動産として、遺言書にその引き継ぎ先を記載すればよいわけです。もちろん遺贈を受ける相手である、動物愛護団体による遺贈の承諾も必要になります。遺言執行者を定め、遺言執行者の手で、例えば愛犬を動物愛護団体に引き渡すことができます。

動物を遺贈する場合、種類や大きさ、年齢、病歴の有無といったことが遺贈を受けてもらえるかどうかに影響します。また、遺贈を承諾してもらった場合でも、遺贈時の生活費としての寄付金額は、犬であれば小型犬か大型犬かなどで異なります。これは犬の食事やケアで必要となる金額が異なるためで、大型になればなるほど高くなる傾向があります。また、年齢も関係します。若年の場合、寿命までの期間が長いので、生活費の総額が増えます。どの程度の額が必要かは動物愛護団体とのやり取りの中で明らかになりますが、数十万円程度は必要になると思われます。

大事なペットのその後を託し、また、生活費を寄付するわけですから、信頼できる動物愛護団体を選ぶことです。どういった団体が信頼できるかという明確な基準はありませんが、ＮＰＯ法人の場合などは法人の状況がインターネットで公表されているので、役員や財務状況などを確認して信頼できる団体かどうかを見極めていくといいでしょう。

親子のコミュニケーションの落とし穴

終活専門の司法書士として仕事をしていてよく感じることは、どこかのタイミングで親子の役割が逆転するということです。子育てと介護をイメージするとわかりやすくなります。子育ての際に親が子どもに対して行っていたことを、介護の際に子どもが親に対して行うようになることが多いということです。子育ての際に本を読み聞かせていたのは親であったでしょう。道を歩くときに手を引くこと、危なくないように注意して歩くように促すなども親が子に対して行ってきたと思います。ところが、親が高齢になるにつれて、支えを必要とする側と支える側の役割が変わっていきます。何かの説明書を親に読み聞かせるのが子どもになり、道を歩くときに親の手を引くのは子どもというようになります。

役割の変化は明確にどの時点で変わるということではなく、徐々に徐々にグラデーションが濃くなって変わっていきます。しかし、親子の中の意識はなかなか変わりません。特に子どもの側の意識が変わらないように思います。例えば、退職した親の日々の時間の過ごし方や感じ方と、働いている子どもの時間の過ごし方と感じ方にはギャップがあることが少なくないと思います。親を役所や金融機関に連れていく必要があるときに、子どもは「休みはこの1日しかない」ということがよくあると思います。限られた時間で物事を進めていこうとしたときに、親の受け答えがゆっくりになっていたり、書類にサインするのに時間がかかったりすると、子ども世代はその待ち時間に耐えられず、待てなくなることが多いように思います。そうなると、子どもは親を注意したり、叱責することが多くなります。「なぜこんな簡単なことができないのよ」「ここに書くって言ってるじゃないか。ここだよ、ここ」「そうじゃない、今そんな話をしてないよ」「え？　また同じことを聞くの？」

子どもは親の変化に気づいていないわけではありません。ただ、ふと立ち止まって考えたことがないだけです。ご自身のことを思い浮かべていただきたいのですが、子ども側の意識の中にある「親の姿」は、判断する能力も身体の能力もしっかりしていた頃の親の姿ではないでしょうか？　親子のやり取りの基準が、幼少期や社会人になるまで親子で過ごした時代の基準になってはいませんか？

ハッとされた方もいらっしゃるかもしれませんが、いつまでも親がそうであるわけではありません。

子どもから叱責された親は「こんな風になって情けない」「子どもに迷惑をかけて申し訳ない」という気持ちになることも多いでしょう。

親子でお金に関する大事な話をするには空気作りが大切です。お互いが話しやすくなる空気を作れるように意識しましょう。特に子どもは、今の親の状況や状態に合わせたコミュニケーションを取るように意識したいものです。年齢を重ねた親と向き合う過程で自分の基準を親側に合わせる「調整作業」が必要ではないでしょうか。

親と子の役割の変化を意識してコミュニケーションを取っていくことが落とし穴に落ちない第一歩になります。私のような第三者を介在させることも大事な視点になります。

価値観を確認する上で重要な4つのテーマ

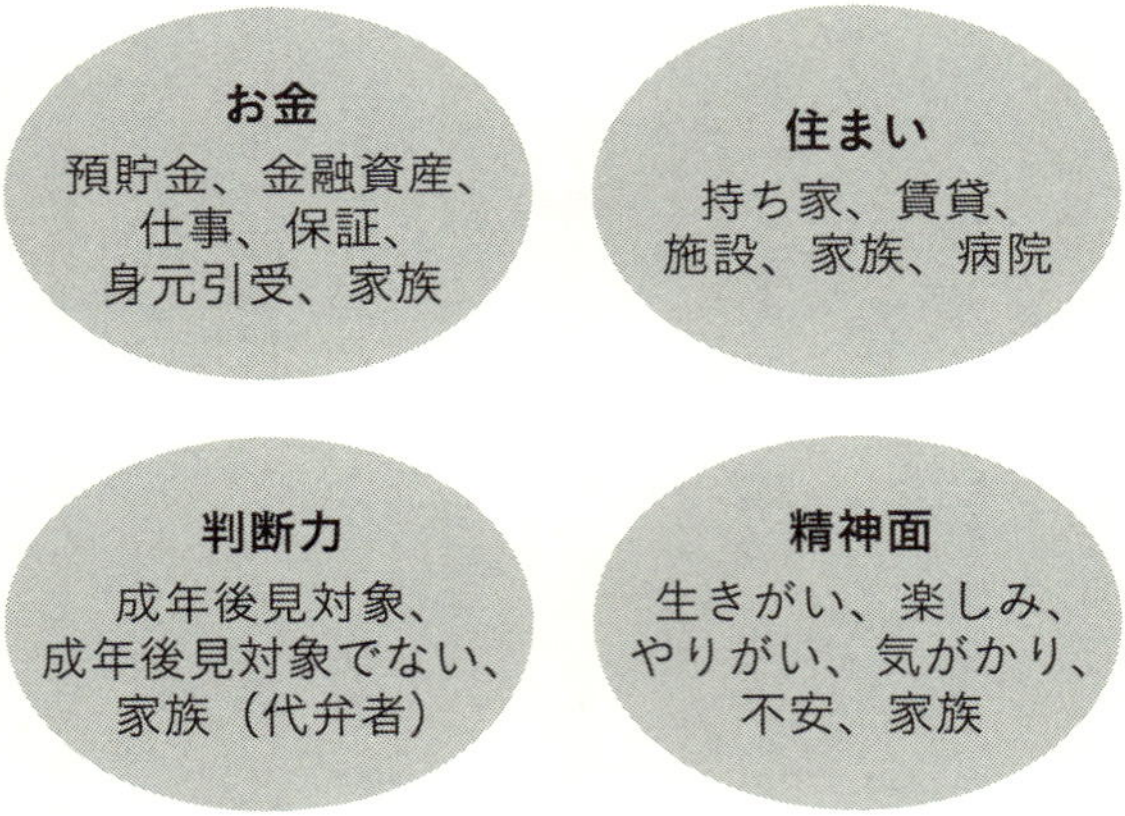

私は①お金、②住まい、③判断力、④精神面の４つのテーマを意識して親子のやり取りに関わります。この４つを聞いていくことで親子の関係性や親の人となりや価値観を確認します。過去の仕事のことや、趣味嗜好を聞くと、親子がどのような過去を過ごしてきたかが見えてくることが多いです。何気ない一言や、過去の振り返りの中に、その人の本質が表れてきます。親子だけで話すのが難しければ、第三者を介在させることを検討してみるのがお勧めで

す。第三者が関わることで親子だけでは話しづらいことが話しやすくなるということがあります。第三者と親が話していることを子どもが聞き、第三者と子どもが話していることを親が聞くことで、親子がそれぞれの考えや思いを知ることができます。

第3章

医師が思う「後悔のない最期」

終活をしない時のデメリット

本書を手に取ってくださったあなたへ。終活の「落とし穴」に落ちないよう、これからお伝えすることをじっくり考えて欲しいのです。

少子高齢化の大きな波が押し寄せる中、終活（よりよい人生の最期を迎えるための活動や事前準備）をしておく重要性について書かれた書籍が増えてきました。

本書も、もちろん終活の重要性を伝えるものですが、類書とは少し切り口が違います。どう違うかというと、終活のメリットを伝えたいというよりは、親御さんや、ご自身が終活をしないがゆえに、その「落とし穴」に落ちることがあるという注意喚起であり、そうなりかけているあなたを救うことに主眼を置いています。

私は性格も口調も穏やかと言われるのですが、あまり尖った発言をしないため、そのままのキャラクターで本を執筆すると、当たり障りのない内容になりかねません。

そこで、読者の皆様に伝わるように、あえてキャラ変をして、時には辛らつな言葉も使って、医師視点から終活の落とし穴や重要性について、伝えさせていただきます。

繰り返しますが、伝えたいことは、終活をしない時のデメリットです。終活をしておかないと損をする、という事実です。あなたが「落とし穴」に落ちないよう書きます。心して耳を傾けて下さい。

本書を読むような方に、伝えたいこと

本書を購入してくださるような、さまざまな問題に高い意識を持ち、読書の習慣もある方々に、ぜひ伝えておきたいことがあります。少々辛口になりますが、大切なことですので、はじめに書かせていただきます。

学ぶことが好きで、読書習慣もある。勉強も得意だったし、仕事もできるほうだ……。それはあなたが努力して得られた結果であり、誇れることです。しかし、そうした人だから落ちてしまう、本書流に言うところの「落とし穴」に、どうか気づいてください。

「あなたは本をよく読み、勉強が得意で、仕事もできるのかもしれません。そして人生での成功体験も、多くお持ちのことでしょう。しかし終活の場においては、コミュニケーションをおざなりにし、『頭でっかち』な状態から抜けられないなら、ご家族や、ご自身の最期が理想的なものになるとは限りません」

意外に思われたでしょうか？　また、「心外だ」と感じましたか？

理由を書きましょう。私は医師として、さまざまな患者、ご家族の方々と接しています。そのご家族の中で、意識が高く、よく本を読んで学ぶことを厭わないと感じられている方々の多くは、医師に「How to の質問」をされることが多いのです。そしてすぐ隣に患者ご本人がいるのに、本人が「どう思っているか」といった意思確認、気持ちに寄り添うといったことが、少ない傾向にあるように感じます。

How to の質問が中心となる理由は、よりよい選択肢を選びたいから、医師がいるからこそ聞いておきたいことが多くあるから、でしょう。それはもちろん、患者本人を思ってのことです。しかし同時に、心配にもなります。頭のいい方は、のめりこんでいくと、世の中の仕組みのほうに興味を持ってしまいがちです。

最も大切なのは知識の習得ではなく、あなたの横にいる、あなたのご家族の気持ちであり、意思です。またあなたが患者本人である場合、家族ときちんと話し合い、分かり合っておかないと、こうした最期を迎えたいという自分の意思は、必ずしも正確には引き継がれません。そのことをどうぞ忘れずにいてください。

理屈よりも感情、知識よりもコミュニケーションが重要です。「落とし穴」にはまりたくなかったら心に留めてください。

医師が危惧する「エンディングノートにまつわる誤解」

昨今の「終活」ブームで、終活とは「エンディングノートを作成すること」と捉えている方が多いようです。

しかし、そのように自分の意思を記しておくことは、数ある手段の一つではあっても、全てではありません。医師の視点で「市販されているエンディングノート」を見るならば、たしかによりよい終活の結果を表現するツールではあるものの、書きさえすれば終活が完了するというものでもありません。その点は指摘しておきたいと思います。

たった1回きり、エンディングノートに書いておけばいいというものではないのです。理由は、たった1回きり書いたところで、どのみち気持ちは変わるからです。自分や親が元気な時の終活と、自分や親の病気が重くなった時の終活は、事情が違うので、変わるものなのです。人間は状況によって、心だって、身体だって、変化していくわけですから。

だったら、エンディングノートなんて無駄じゃないか、そう思う人もいらっしゃるでしょう。でも、それは、違います。まず1回目を書いてみなければ、2回目も3回目もありません。繰り返すことが非常に重要です。そして、もし書くのがおっくうであれば、必ずしも、書くという手段だけにこだわる必要もないのです。

重要なのは、「自分にとって望ましい生活や医療とは何か」について考え、他者（家族や介護士、医師）と繰り返し対話を行っていくことです。その際に、エンディングノートのような形で文章に書いてもいいし、苦手なら書かなくてもいいのです。繰り返しになりますが、エンディングノートは、あくまでも手段

の一つと捉えてください。大事なのは、自分の意思を周囲に伝え、対話すること
そのものです。

では、その対話は、具体的にどのように行えばいいのでしょう。場所は、どこでも構いません。入院している場合、介護を受けている場合であれば、関係者が無理なく集まることのできる場所をセッティングしてもいいでしょう。本人にとってそれが気詰まりなら、周囲の人たちが普段の何気ない会話の中で少しずつ聞いていく、でも構いません。

このように、対話するタイミングはいつでもいいのですが、本人が高齢で病気がある場合、容体が急変して、対話どころではなくなってしまう、ということも起きがちです。生活や病状が安定しているときがチャンスと捉えて、機会を作りましょう。

「人生の物語・価値観を文章にすること」の重要性

本人の価値観や人生の目標に照らして、自らの意思を表明していただくこと、これがACP（アドバンス・ケア・プランニング）です。「Advance」は「もしもの時に」、「Care」は「最期に向けて大事なこと」、そして「Planning」は「話し合ってそれを誰かに伝えること」といった意味合いが含まれています。

最近は少しずつACPという言葉の認知度も上がってきました。しかし、少し狭い意味で使われているのではないか、という点が気になります。

それは例えば、延命治療をする／しない、最期の場所を選ぶ／選ばない、在宅がよい／よくない、代理決定者を息子にする／配偶者にする、といった、あたかもチェックボックスで選べるかのようなものがACPである、といった理解です。

そこに留まるだけでなく、その方の人生の物語、暮らしの中での気がかり、大切に思っていることなどを口頭で、人によっては文章で表明できる機会を提供すること。そして現場の医療者は、そうした情報を踏まえて、本人にとってよりよい医療の選択につないでいくこと……。それも我々ができる、ACPの一類型ではないかと思います。

3つの時間軸で本人の価値観を探る

それらを踏まえて、意思決定支援について述べていきます。

意思決定支援をするときに、本人の意思・家族の気持ち・医学的判断が重要な3つの柱であることには、異論がないかと思います。そして、一番重要だと言われる本人の意思について、過去・現在・未来という3つの時間軸で捉えることによって、より話がわかりやすくなると考えています。

例えば、過去についていては、「この方はこう考えてこられたのだな」ということを酌むことで捉えられる本人の意思というものがある一方、現在に関しては、認知症や虚弱によって自分の意思を表明することが難しい場合もあります。そうであっても、たまたま調子が良くて話すことが可能なタイミングというのはありますので、その機会を逃さずに信頼のある人が尋ねることによって、なんとか本人の気持ちを反映していくこともできます。

未来に関しては、目の前にいる本人は認知症もあって少し判断が難しい状況にあるけれども、もし判断できるとするならば、未来のどの選択肢を選ぶだろうかということに思いを馳せることも可能です。

そうした3つの時間軸の想定のもとに、周囲が本人の価値観・意思を探っていくことが大事であると思っています。

医師が警鐘を鳴らす「3つの落とし穴」

終活の「落とし穴」に落ちないよう、3つの柱を心に留めてください。一番大きな落とし穴、それは終活をしてこなかったがために、いざ意思確認をしたいときに、認知症や病状の悪化によって本人の意思が分からなくなっていることです。現在の本人の意思が分からない時は、過去に表明された本人の意思から推定するしかありません。

本人の意思が、過去と現在で異なる時も、多くあります。その場合の原則は、現在の本人の意思に沿うべきです。

では、過去の本人の意思と現在の本人の意思が一致していれば、過去の本人の意思を聞く必要はなかったということでしょうか。いいえ違います。今まで本人がどのように意思表示してきたかという経緯は極めて重要です。

終活は、過去から現在、そして未来を貫くプロセスなのです。過去と現在が一致し、そして未来も一致することで、本人の意思がより強化されるのです。過去の本人が表明した意思に思いをはせ、意思推定することを心に留めて下さい。

コラム

意思を推定するための尋ね方

もし、ご両親だったら、どうお考えでしょうか。ご両親が大切にされていることや、これだけは嫌といったことが思い浮かびますか。

ご両親の身近な人が同じ様な状況を経験されたことはないでしょ

うか。もしあれば、その時どんなことをおっしゃっていましたか。

家族は、本人の代わりに医療判断を決められない

二つ目の落とし穴は、家族が本人の代わりに医療やケアの判断を決めることができるという誤解です。また、医療者も、家族の気持ちを優先するあまり、家族をあたかも代理決定者かのように振る舞い、家族に意思決定を迫ることが後を絶ちません。家族には、代理意思決定の権利もなく義務もないことを肝に銘じるべきです。

つまり、家族は、一般的に本人のことをよく知っているので、本人の気持ちを代弁することができるというだけです。ですから本人との関係が極めて悪い

場合、あるいは、極めて遠いといった状況によっては、代理意思決定する権利、義務を負わないというそもそもの原則に立ち戻りましょう。そのような状況なのにもかかわらず、家族が世間体を考慮して「何でもやってください」と医療者に伝えることは、大きな「落とし穴」に落ちることにほかなりません。

コラム 代弁者の条件

(1)その人は、18歳以上である。
(2)その人のことを、本人が信頼している。
(3)その人は、本人のことをよく知っている。
(4)その人は、本人の意思や価値観を尊重する意思がある。
(5)その人は、本人のよき支持者になる意思がある。
(6)その人は、困難で負担の大きな状況下においても、本人のために意思決定できる。

医師の合理的な提案が、本人にとって最適なのか？

医学的判断は、絶対ではありません。しかし日本において、患者の家族は医師の権威に従属的だという意見があります。医療者、特に医師は医学的に最善な方法を提案してきますが、必ずしもそれが、本人や家族にとって最善とは限らないことを知るべきです。望まないことは、はっきりと伝えるべきです。

一方、逆に、あなたの願いが全て叶うわけではありません。医師団としても、医学的に無益で、有害なことを本人や家族が望んだ場合、その願いを叶えられないでしょう。

本人がしたいことを全てできるわけではないが、本人が嫌なことはされない。この原則を心に留めましょう。

「落とし穴」をよりリアルに追体験していただくために、事例を紹介しましょう。私も執筆に関わった『本人の意思を尊重する意思決定支援　事例で学ぶアドバンス・ケア・プランニング』（南山堂）という本があります。

この本ではアドバンス・ケア・プランニングという仕組み論だけが先行して実際の経験が共有できにくい現状に対して、他では「どうやって考えているのだろうか」ということを学べる事例の経験知を集めています。ある意味、物語のデータベース的な一冊です。

「医学的判断」vs「本人／家族の意向」

その中では、例えば「医学的な妥当性は何か」をテーマとした事例がありました。

70代の女性で、アルツハイマー型の認知症とうつ病の現疾患があり、1年前から他の病院でうつ病の治療中でした。認知症の精査目的で、ある病院を受診し、入院後に食事がとれなくなり、最近は食欲も低下、元気もない状態でした。

主治医は人工栄養の必要性を考えている、それに反して家族はそれまでの経緯を踏まえて看取りにいく方向でいいのではないかと考えている、といったケースです。

「本人の意思の時間軸」を捉えると、延命治療について、過去に本人の事前の意思表示はなく、また家族で話し合った経験もありません。現在の意思は、うつ病や認知機能障害のために意思決定能力が少しあいまいで、自ら食事も薬ものめない。このままでは亡くなる可能性があることを伝えてコミュニケーションを試みても、本人は正確に考えることが難しく、現実認識さえも不明であるかのような表現をなさるといった状況です。同様に、未来像についても描きにくい感じはあるけれども、「早く家に帰りたい」という意思は把握できます。

他方で長男夫妻、次女、といった家族の気持ちは、「経口摂取が進まなければ、人工栄養は選択せずに看取りをする」方向で一致しています。

ここまで見ると、本人の意思と家族の意向が一致しているから、そのまま自然にご自宅で最期を迎えられる方向でいいのではないか、と思えてきます。

ところが、医学的判断においては、医療者の中でも意見が割れてきます。初診からの経過が非常に短いため、病状が改善可能なのかについて適確な判断が非常に難しい。そして、もし、うつ病による本人の意思表示への影響が大きいのであれば、薬剤の効果も期待でき元気に食べられるようになる可能性もある、という見解です。

最終的な結果としては、食事がとれない状態で3週間経過していたことから、早急な判断が必要になり、期間限定での中心静脈栄養というサポートのもとでうつ病の治療も実施しました。その結果、うつ病の治療には時間がかかりますが、5週間のケアで食事ができるようになり、自宅に退院されていきました。

医師団の意見は一致しているのか？

この事例を振り返ってみた時に考えさせられるのは、医学的判断の妥当性です。

大方の医療ケアチームの判断としては、この状態では、再び食べられるようにはならないと見えます。そして本人に自宅に戻りたい意思があり、家族も自宅で看取りたいと言っているのだから、それに沿えばいいのではないか、という判断になりがちです。

しかし一部の医療者からの、「よくなる可能性があるのなら、もう少し頑張ってみてもよいのでは」といった提案で、本人が嫌がらない範囲での治療を試みたところ、それによって回復し、退院に至る結果となったのです。

主治医の言うことを鵜呑みにしない、それが、この事例の裏の意味です。

ただ、ここまで丁寧な医療ケアチームカンファレンスが行われている医療機関ばかりではないでしょう。だから、もしあなたの家族がこうした状況に直面したら、医師にこう聞いてください。「医師団の意見は一致しているのですか？」あるいは「医療ケアチームの医療判断は一致しているのですか？」と。

チームカンファレンスが行われていれば、たとえ、医療者の意見が割れている場合でも、医学的な判断の妥当性は担保されていると思ってよいでしょう。

家族が患者本人の代理をする際に……

同書からの2例目は、代理意思決定者の適格性についての事例です。

80代、中等度の認知症の女性で、1カ月前から食事量が低下、ADLも低下していましたが、検査結果で特に異常は見つかりませんでした。食事も5割くらいは食べられるように回復しましたが、心臓の状態が虚弱であることから、先々のことを考えたほうがよいという見通しのもと、ACPをしようという話になりました。

過去・現在・未来の3つの時間軸で、本人の意思を捉えてみます。過去において、「食べられなくなったらどうするか」については話し合ったことがなく、現在の気持ちを聞いても、「野菜ジュースが飲めるからいいよ」といった発言で、具体的に深い、先まで見通した話にはなりません。栄養が足りていないそのときの段階においても、本人がそれを理解して、未来の選択に思いをはせることは困難であるように見受けられました。

ここでキーになるのは家族で、特に次女がキーパーソンでした。

「胃ろうでも点滴でも、何でもしてもらいたい」と次女は言います。「今、心臓が止まったとしたら、あらゆる延命治療をしてもらいたい」「兄や妹は、本人の面倒を見ておらず、何年も本人に会っていないから、決定権は私にある」と、次女は主張します。長男と三女の意向を確認したかを尋ねても、「そんなの必要ない」。

医学的判断としては、医学的に胃ろうを造設することは可能で、積極的に勧めるわけではないが、安全性はあります。ただし、本人が望まないのであれば

「しない」ことが大切なのではないか、といった考えでいました。
ここで私たちが実行した具体的な支援は、「次女は代理決定者として不適格かもしれない」と判断しつつも、一方で、「本人のことを考えてかいがいしくケアをし、辛い思いをしている次女も、家族ケアの対象である」ことを確認して、代理決定者としては不適格だけれども、私たちがケアの対象とすべき家族として次女を捉えよう、と話し合いました。

それまで本人が生活していた介護付き有料老人ホームからの聞き取りも行い、老人ホームにおける大事な決断の際にも、やはり次女単独ではどうしても判断できなかったという情報が入ってきました。そこで、次女だけで決断を下すのは難しいかもしれないので、よかったら長男や三女も交えて、一緒に最善について話し合いませんかと提案したところ、次女は取り乱して、冷静に話し合いをするような精神状態ではなくなってしまいました。病院には在院日数制限があるため、老人ホームに戻られることになり、結局介入が途絶えてしまいましたが、私たちとしてはそれまで話し合った内容を次の老人ホームのスタッフたちに託したといった経験があります。

次女は大切なケアの対象ではあるけれども代理決定者としては少し不適格であるという視点を、直接その人に指摘しないまでも、スタッフの中で共有することを通して整理することにつながった事例でした。

さて、この事例では「代理決定者」という言葉を用いましたが、先に述べたように、厳密には、日本には制度としての代理決定はありません。家族だからといって、本人の医療判断をする権利はありません。もちろん、医療者にもその権利はありません。厚生労働省が発行している「人生の最終段階における医療・ケアの決定プロセスに関するガイドライン」にも、基本は本人が決める、次に本人の意思を推定する、本人の意思を推定することも難しかったら、代弁者家族や医療ケアチームが本人にとっての最善を考える、といったことが書かれています。

どんなに献身的な介護をしても、代理決定者にはなれません。そして熱心すぎるがゆえに自分の気持ちが入りすぎて、代弁者としても不適格という烙印を押されないように注意しましょう（言葉が過ぎたでしょうか。この執筆では、筆者は「キャラ変」していますのでご容赦ください）。

本人の意思とは何だろう？

続いて挙げる3例目は、肺がんと認知症を抱えた患者が、家族とともに抗がん剤治療を選択する際に、何をもって本人の意思を妥当・適格とするかをめぐる事例です。

認知症も抱える70代の男性で、肺がんでPS1の段階（多少症状があるが、日常生活を送れる段階）にあります。抗がん剤の効果と副作用についての主治医からの説明をおおむね理解され、「じゃあ、その抗がん剤をやってみよう」と言われました。けれども、数日経つと完全に忘れてしまっていて、もう一回説明すると、効果と副作用を理解されて、抗がん剤治療を希望されました。

ここでの問題として、「本当にそれを本人の意思として良いのか」といった意見が医療チーム内から出されました。継続的に抗がん剤治療のリスクを理解できていないから、リスクを伴う抗がん剤のような薬は使用してはいけないのではないかという意見です。それに対して、途中で記憶が途切れることがあったとしても、本人がいつも同じ判断をしているから、それはやはり本人の意思とするべきではないかといった意見も出ました。

結局どちらがよいのか、本人の最善とは何か、に照らして話し合いをしたところ、最終的には本人の意思と捉えて治療しよう、という話になりました。ところが、「抗がん剤で辛い思いをするのは、私は忍びない、見ていられない」といった妻の思いを本人が聞き、最終的には抗がん剤治療はしないという判断になりました。

この事例のテーマとしては、「本人の意思とは何だろう」ということです。本人は認知症だから判断できないと、安易に決めつけることは断じて避けなくてはなりません。その決めつけが「落とし穴」なのです。「落とし穴」にはまらないようにするには、たとえ本人が言葉を発しない場合でも、目を見て問いかけるようにしましょう。

また、この事例では、家族の感情が穏やかでいられるようにすることも、本人にとっての最善なのだ、と学ぶことができます。時に、家族を大事にする本人の気持ちを利用する家族すらいます。自分が悲しい思いをすることを伝え、本人の意思決定を変えさせようとするコミュニケーションです。

こうした本人と家族の感情と感情の交差については、よい、悪いといった物差しでは測れません。たとえ、家族に誘導されたとしても、本人が自分で決めて、納得し満足しているのなら、それも、本人の意思の尊重なのかなと思います。

日常生活から「意思」を酌み取る

最後には、これまでの医療系とは違った、「生活の場におけるACPと倫理判断」をめぐる事例を取り上げてみます。

私の地域の、あるケアマネジャーさんの戸惑いについて伺った話です。虚弱がとても進行した80代の女性で、口から何とか食べられるものの、とにかく偏食で食が細い方でした。また、後からカギになってくる日常生活動作として、お気に入りのソファーまではなんとか移動できて座れるものの、お尻に床ずれができているといった状況にありました。

本人の人柄や性格を表すエピソードに触れたいと思います。生涯独身で、2年前に同居していた姉を亡くしました。テレビのリモコンは同じ場所に置かないと気が済まないような几帳面で、少し変わり者、ケアマネジャーにも悪態をつくけどなぜか憎めないといった評判があります。

ある時、昼間から部屋のブラインドが下りているのを見つけた地域の民生委員が、心配してその方のケアマネジャーのところに来たのですが、ケアマネジャーは、こだわりとして昼間からブラインドを下ろしている方であり、毎日ケアが入っていてそのことを把握していることも伝えたそうです。また、硬いソファーに座ると褥瘡が悪くなると注意されるので、「わかった、わかった」とその場では言うけど、医療者が帰ってしまうと、普通にそのソファーに座っている。それで、「いつ死んでもいい」が口癖でした。

ある日、訪問看護師Aがケアマネジャー Bに向かって、「褥瘡が悪くなるから、ソファーを撤去しておいて」と言いました。少し戸惑ったBは、仲間の福祉用具専門相談員Cにこう相談しました。「訪看Aが撤去しろと言うけれど、本人は死んでもいいと言っているし、お姉さんとの思い出が詰まったソファーが落ち着くのではないかなぁ、ソファーはそのままでもいいと思うけど、どう思う?」そこで、Cも「そんなことをしたら、自殺を助けてしまうことになるのではないかしら」と答えました。

この話からの学びとして、日常生活の中にも必ずACPはあるということです。

姉を亡くしてからは頑張れない、人生に思い残すことはもうない、病院にはかかりたくない、床ずれはあっても自由にさせてほしい、強制されたくない、知り合い以外と接するのは疲れる。こうした発言を本人の意思の一つとして受け止めて考えることも、一つのＡＣＰの立派な形である、そうお伝えしたいと思います。

もう一つ、日常生活の中にも臨床倫理があると言えます。

この例では、床ずれがあってもソファーに座りたいといって、本人はソファー撤去療法を拒否しているわけです。一方で、褥瘡を治すことは医学的に良いという、明らかな医学的な常識があります。しかし、撤去を望まない本人の意思のほうが、医学的な最善よりも優先される。それが基本的な倫理原則なのではないか、と思います。

懸命な読者はもう理解されていると思いますが、医療面であっても、生活面であっても、一般に最善だと思うことが、本人にとっては最善でないことは数多くあります。本人の嫌がる意思決定をしてしまうことは、絶対に陥ってはいけない「落とし穴」です。肝に銘じておいてください。

以上、4つの事例を提示しました。本人の人生や生活に光をあてることはなかなか難しいけれど、それが重要だと思います。認知症の患者も多いなか、「本人だけで決めるのではなくて皆で決める、でも、本人が中心」。そんな意思決定のあり方があるのだということを述べました。

感情の「落とし穴」

さて、ここまでの4事例では、いろんな終活の「落とし穴」を説明しました。これは、考え方の基本を身につければ、その場所を見つけることができます。しかし、その場所さえ分からない「落とし穴」があります。人には制御できない感情の「落とし穴」です。私は、この章の冒頭にこう書きました。

理屈よりも感情、知識よりもコミュニケーションが重要と、終活の「落とし穴」にはまりたくなかったら心に留めてください。

しかし、それがわかっていても、制御できない感情もあります。以下の2つの事例で追体験してください。

酒と女と博打　家庭を顧みない人生
80代男性とその娘の物語

場面1

男性：「俺はがんで最期が近いのは分かっている。本当だったら一人で死ななきゃならない。父親としては、家族を捨てたような生き方をしてきたから。……だけど、娘は、こんな俺を愛してくれる。だから、俺は幸せだ。だから、俺は、ここで、痛みだけ取ってもらって、死ねればいい。家なんて、ない。でも、娘が居てくれる」

場面2

娘：「私は、父親に復讐したい。父は私たち家族を捨てた。だから、嘘の愛情でだまして、娘に愛されたと誤解させて、最期を迎えさせたい」

場面3

看取りの後、天国に旅立った男性の表情は穏やかだった。また、娘の涙に、復讐の気持ちは微塵も感じられなかった。

娘：「私は、復讐を終えました」

皆さんは、どのように感じられたでしょうか。終活の中で、男性は自分の人生を振り返り、自分は家で最期を迎える資格などないと述べ、自宅での最期は希望しませんでした。そして、娘と心の和解をし、病院で痛みだけ取って、最期を迎えることを選択しました。結果として、男性の思いは遂げられ、その終活は完結するわけですが、そこには、娘の憎しみが入り混じっていました。当初は真の和解ではなかったのかもしれませんが、その感情は徐々に変化をしていったのでした。

高齢者施設で看取り直前の老衰の入所者 90代女性とその娘の秘めたる思い

場面1

介護士：「ええっ、Gさんもう血圧50だよ。今さらなんで娘さん病院行くなんて言うの。この前の面談の時、最期まで施設で穏やかに過ごしてもらいたい。それが本人の願いだったからって、皆であんなに共有したのに。血圧50じゃ、病院に行く前に死んでしまうし、そんなこと倫理的によいはずがない」

看護師・医師：「じゃあ、もう一度娘さんと話してみましょう」

場面2

医師・看護師：「娘さん、お母さんの最期が近いです。このタイミングで病院に行くことはお身体の負担が大きすぎます。先日の面談では、皆で、最期は施設で穏やかに、それが本人の願い、そう共有したと思いますが、今の娘さんのお気持ちを教えていただけますか」

娘：「…………。とにかく病院を受診させてください」

医師と看護師：「……」

場面3

介護士・看護師・医師：「娘さんの揺れる気持ちも分からないではない。後で訴えられても困る。病院に行こう」

場面4

介護士・看護師・医師：「今から病院に行きましょう。ただし、病院到着までに心肺停止する可能性があります。そのような場合でも心肺蘇生術だけはやめましょう。さすがにご本人の負担が大きいですし、何よりご本人が望まれていませんでした。娘さんがこれだけ悩んで決められたのだから、もしお母さんが今お話しすることができたなら、きっと、『それでいいよ。病院に行く』とおっしゃるでしょう。だから、病院に行きましょう」

娘：「……分かりました。そのようにお願いします」

場面5

医師が紹介状を大急ぎで書いていると……。

介護士：「先生、娘さん、やっぱり病院へは行かないそうです」

あなたは、どのように感じたでしょうか。人は、時として、理屈よりも感情に支配されます。理屈では分かっていても、渦巻く感情に縛られることがあります。その感情の支配から逃れるために、必要なことも感情へのアプローチなのです。

娘の感情を紐解いた言葉は、医療側の「娘さんがこれだけ悩んで決められたのだから……」だったのかもしれません。

この二つの終活にある感情の「落とし穴」、それは感情にフォーカスせずに、理屈ばかりで考えることです。

もしかしたら、どれだけ感情に気を配っても、その穴に落ちることもあるかもしれませんね。複雑に感情と感情が絡み合う時、どこに穴があるかなんて分かりそうもありません。

医師が思う「理想的な終活・最期」とは

医師として、理想的な終活・最期とは「心身の苦痛、そしてお金といった社会的な苦痛がない最期」だと思います。そのためには、あらかじめ周囲と相談し、本人の意向に沿い、納得できるような準備が必要です。

私の患者さんに「延命治療はしたくない」と紙に入所の時から書いていた80代の方がいました。家族とも事前にしっかり相談をしていて、1年間一度も意見がぶれることがなく、老衰のような最期を迎えました。「本当に人生をまっとうできたと思います」と言って、亡くなっていかれました。このように穏やかに亡くなっていくのが、医師として理想の最期だと思います。

上手くいかなかったと思う「終活・最期」

逆に、心残りに感じてしまったケースもあります。

それは、今述べた場合とは逆で、「切羽詰まってから考え、周囲と相談する時間もなく、本人の意向が分からないまま、周囲もこれで良かったのかと悩むような最期」です。医師としても、上手くいかなかった感覚が残ってしまいます。さらに、心身の苦痛、お金など社会的苦痛にまみれている最期だと、より一層大変です。

こういったケースの場合、「本人の気持ちはどうだったのだろう」という気持ちの把握ができないままに、亡くなってしまい、強い後悔だけが残ってしまいます。

病状が悪化してからだと、家族の心の準備もできておらず、意見はまとまりにくくなります。そんな場を多く見てきた医師の立場として、読者には「話し合いを早く行っておくこと」を強くお勧めします。

また、自分の最期について希望がある場合、理由も含めて家族や医師に伝えて理解を得ておく、書面で遺しておく、ということをしておかないと、希望通りにならない可能性もあります。

第4章

医師と考える「延命治療の論点」

胃ろうのメリット・デメリット

終活において多いのは、「胃ろうは勘弁してほしい」などの要望です。

ここでは、胃ろう、経鼻経管栄養、経静脈栄養などの各種の栄養療法のメリット・デメリットを説明します。

まず胃ろうとは「腹部に小さな穴をあけ、そこから栄養剤を入れる治療」ですが、メリットとして肺炎や誤嚥のリスクを軽減できる点があります。そして、経鼻経管栄養よりも抜けにくく、自己抜去が少ない点もメリットです。そのほか、カテーテルの接続部分は衣服で隠れるので目立ちにくく、状態によっては経口摂取もできます（嚥下訓練もしやすいです）。運動やリハビリも行いやすい点もメリットと言えるでしょう。

一方で、デメリットとしては、胃に穴をあける手術が必要になり、感染症や腹膜炎などの可能性があります。そして、定期的なカテーテルのメンテナンスにお金と手間がかかる点もデメリットと言えます。

経鼻経管栄養のメリット・デメリット

経鼻経管栄養とは「鼻からカテーテルを挿入し、そこから胃や腸などに栄養剤を入れる治療」のことで、チューブの挿入が容易で手術を要しない点がメリットと言えます。口からの栄養摂取が可能になれば、すぐにストップできる点もメリットです。

デメリットとしては、挿入時にチューブが肺に入ってしまう恐れがあることと、挿入部の皮膚トラブルが起こる危険性があることが挙げられます。また、鼻から胃までにかけて違和感や異物感があるのもデメリットと言えます。また、見える場所にあるため整容的に良いとは言えず、場合によっては自ら引き抜いてしまうリスクもあります。

経静脈栄養のメリット・デメリット

経静脈栄養とは「心臓近くにある太い静脈から水分・電解質・栄養の点滴を行う治療」のことで、消化管が機能していない場合や、消化管の安静が必要な場合にも、栄養を摂取することができます。また、末梢静脈栄養よりも高カロリーの栄養を摂取することができ、そして長期的に利用できる点もメリットと言えます。

デメリットとしては、消化管機能が低下する恐れがあり、また経腸栄養に比べて生理的ではない点が挙げられます。そのほか、カテーテルの感染、閉塞の可能性があるといった点もデメリットと言えます。また、カテーテルやポートを挿入する外科的処置が必要であり、場合によっては自ら引き抜いてしまうリスクもあります。

終活とセカンドオピニオン

セカンドオピニオンを聞く、これは非常に大事です。

多くの人は、セカンドオピニオンというと医師に嫌われてしまうのではないか、この後にきちんと診てもらえないのではないかと心配してしまうようです。でも、その点については安心してください。

例えば、がんの治療でも医者によって意見が異なり、なるべく手術をしない方針を取っている医師もいますし、患者が高齢で体力が落ちていても、あきらめずに手術を勧める医師もいます。どの医師と相性が合うかは分からない、ということはもちろん医師側も理解しています。ですから治療方針について、別の選択肢を知っておきたい場合は、積極的にセカンドオピニオンを聞きに行ってみてください（ちなみに、どちらかというと、私は「治療を差し控える」ほうです）。

例えば、80、90代で、がんが見つかった場合、手術するか、手術はしないまま天寿をまっとうするかの選択は非常に悩ましいといえます。具体例を挙げると、大腸がんと膵臓（すいぞう）がんではだいぶ違います。小さいがんが大腸の先にある場合なら、高齢でも手術することを私は勧めます。場所的によっては人工肛門になりませんし、生活の質も落ちにくいからです。
他方で、膵臓に少し広がったがんが見つかったとしたら、高齢で体力も低下している場合、私なら手術をしないことを勧めるかもしれません。こういったケースでは、判断が非常に難しいものです。体の弱り具合、全身麻酔に耐えられる体力、本人の意向などの総合判断で決めていくしかないかと思います。

また、セカンドオピニオンを受ける場合、そこでもさまざまな終活の「落とし穴」に遭遇することになります。これまた、そこに穴があることを認識するのが難しい落とし穴です。

例えば、「この手術で50%は治ります」「50%は治りません」といった表現一つで、本人や家族が治療を選択する割合が変わると言われています。前者のほうが、手術が選択される割合が多いのです。医師の表現によって選択が変わってしまう、それは医師すらも気づかない「落とし穴」かもしれません。

あるいは、その時の、患者さんの状況にもよるかもしれません。気持ちの不安が強く、切羽詰まっているほど「良くなる」という選択肢を選ぶ傾向にあるようです。このあたりも気をつけるべき「落とし穴」で、少しでも早く終活を開始するほうがよい所以です。

延命治療として抗がん剤治療をすべきか

まずは、本人がしっかり判断できる状況での、具体的検討過程をお示ししましょう。

延命治療を実施するか否かは非常に悩ましい決断ですが、医師側の検討過程を述べておきます。ここでは、悪性リンパ腫に対して、抗がん剤治療を検討する場合について解説します。

抗がん剤治療を開始すると、吐き気、倦怠感、感染のしやすさ、脱毛、手のしびれなどが想定されます。8割の方は問題となるような程度まで副作用は強くならないのですが、1－2割の方は、副作用のため、これまでの生活がままならなくなることもあります。例えば、自宅での一人暮らしを望んでいる場合、一人で暮らすのが難しくなることがあります。

ある種の悪性リンパ腫の場合、回復の見込みは、8－9割の確率で、リンパ腫が小さくなります。8－9割の中でも、一定の割合の方は、一時的にリンパ腫が消えます。しかし、治療を途中で断念すると、半年ないしは、1年後に再発することが多いですし、そもそも抗がん剤が最初から効かない人もいます。

このように、抗がん剤治療も、やってみなければ負担や苦痛や回復の見込みが分からない、という場合があります。

どれが正解なのかは誰にも分かりませんし、人によっても異なります。そんな場合は、そもそも長く生きることを大切にするのか、長さだけではなく、どう生きるのか、といった本人の価値観を尊重しながら、抗がん剤治療を実施するかどうかを検討してください。

延命治療として人工呼吸器を使用すべきか

次に、本人が十分な判断をすることが難しいケースでの具体的検討過程を示しましょう。もう1事例、延命治療を実施するか否かは非常に悩ましい決断となる場合における、医師側の検討過程を述べておきます。

今度の事例は、本人の十分な判断が難しい場合です。認知症の診断はついていないものの、判断力の低下が否めない、呼吸困難を伴う慢性呼吸器疾患の末期と思われる患者さんです。ここでは、呼吸困難を和らげるためのモルヒネを使用するか、呼吸困難を和らげるためにマスク型の人工呼吸器を用いるかを検討する場合について解説します。

モルヒネの使用を開始すると、呼吸困難が和らぐことが期待できます。ちなみに、モルヒネは呼吸状態が悪い人に使用すると呼吸状態を悪化させるという誤解がありますが、医学的には、少量から適切な段階を踏んで使用すれば、呼吸状態を悪化させる蓋然性は低いとされています。

マスク型人工呼吸器を用いると、呼吸困難が和らぐことが期待できます。一方、人工呼吸器と呼吸のペースを同調させることが難しい人にとっては、呼吸困難が和らがないだけでなく、人工呼吸器は煩わしいものになります。

もちろん、マスク型人工呼吸器には、呼吸困難を和らげる効果だけでなく、命の長さを延ばす効果も期待できますが、ここでは分かりやすさのため、前者の効果だけを取り上げてみます。そうした前提のもとで、コラムをご覧いただだければ幸いです。

コラム　延命治療に関する誤解

「人工呼吸器は延命治療ですか?」そんな疑問を持たれる患者さんやご家族もいます。私は、いつも自信を持って「はい、延命治療です」と答えます。

実は、延命治療には二つあるのです。あえて砕いた表現をするならば、「良い延命治療」「悪い延命治療」に分かれます。前者は、本人の意思や本人にとっての最善に照らして選んだ場合、後者は、本人の意思や本人にとっての最善について考えずに選んだ場合を指します。しかし、多くの患者さんやご家族は、延命治療と言えば「悪い延命治療」だと誤解しているのです。誤解というのは言い過ぎかもしれません。言葉は変化しますし、多くの人が認識している意味が正しいとも言えますが……。

ともかく、延命治療は必ずしも悪ではなく、そのとき示されているのが「良い延命治療」か「悪い延命治療」かを、知ることがまず大切である。そのことは心に留めておいてください。これを知っているだけで「落とし穴」に落ちずに済みます。

コラム **人工呼吸器に関する誤解**

「人工呼吸器の使用を開始すると、二度と外せない」という誤解があります。医療ケアの専門職でも、そのように誤解している人がいます。

一旦開始した人工呼吸器であっても、本人の意思や本人にとっての最善に照らして外すこともできるのです。もし、そのことを知らず、本人が人工呼吸器を試してみたいと思っても、医療者の誤解で、外せないという誤報を聞かされた場合、本人がその使用を差し控えることを強いられるかもしれません。これも「落とし穴」なのです。

悪気はなくとも、一旦始めた人工呼吸器を外せないと誤解している医療者もいるので、その「落とし穴」にはまらないように気をつけましょう。

さて、本論に戻りましょう。このように、呼吸困難を和らげるだけでも、医療者が、満場一致で、モルヒネやマスク型人工呼吸器を提案してくるわけではないのです。その中で、「どうされますか」と本人に意思確認がなされることもしばしばです。判断力が低下している場合、今度は家族が「どうされますか」と聞かれます。日本では、家族に代理意思決定の権利や義務などはないにもかかわらず、です。これが終活の難しいところです。

私たちは、次のように話を進めます。まず、医学的な見解を、専門職の中で話し合います。モルヒネについては、呼吸状態の悪化の可能性がないわけではないが、少量から適切な段階を踏んで使用すれば、呼吸状態を悪化させる蓋然性は低いことについて共有します。もし、医療者の価値観や意見の違いにより、異なる意見を持つ者がいれば、複数意見を併記できるように言語化します。

マスク型人工呼吸器については、呼吸困難が和らぐことが期待できること、一方、人工呼吸器と呼吸のペースを同調させることが難しい人にとっては、呼吸困難が和らがないだけでなく、人工呼吸器は煩わしいものになることを共有します。また、人工呼吸器を始めても、本人が思い描いた、本人にとっての最善を願ったような結果につながらなかったら外せる、ということも共有します。そして、モルヒネの場合と同様に、もし、医療者の価値観や意見の違いにより、異なる意見を持つものがいれば、複数意見を併記できるように言語化します。このようにして医学的な見解を言語化します。

こうしたことが行われず、異なる医療者が、異なる意見をばらばらに話したとしたら、どれだけ、患者さんご家族が混乱されるか、想像に難くありません。

その上で、ご本人の事情について明らかにしていきます。

先にも述べましたが、厚生労働省が発行している「人生の最終段階における医療・ケアの決定プロセスに関するガイドライン」には、⑴基本は本人が決める、次に⑵本人の意思を推定する、本人の意思を推定することも難しかったら、⑶代弁者家族や医療ケアチームが本人にとっての最善を考える、このように⑴・⑵・⑶のステップを検討します。

その際にも、「落とし穴」に気をつける必要があります。

まず、⑴安易に、「本人に聞いたって、わかるわけがない」と判断してしまうことです。調子のよい時に、本人が一番心を許している人を含めた複数人で、本人に聞くことを忘れないでください。

そして「落とし穴」の2つ目は、(2)本人の意思を推定する時に、限られた人だけで本人の意思を推定してしまう、ということです。家族だけでなく、長く過ごした施設があればその職員、後見人がいる場合はその人から聞くなど、本人らしさに関する情報を、できるだけ多く集めることを忘れないでください。

「落とし穴」の3つ目は、(3)代弁者と医療ケアチームが本人にとって何が最善かを考える時に、先にも述べた通り、医学的な事情だけで判断されたり、家族に決める権利があると誤解したりしてしまうことです。そうならないように心に留め、このことを決して忘れないでください。

家族が「終活」に関与する際に苦労するケース

本人がまだ元気な時期に、遠い将来の話として延命治療について話し合う場合は、つらいことではありますが、実はそれほどの苦労はないといえます。なぜなら、無理に話を進めなくてよいからです。

しかし病状が進んでしまうと、延命治療は近い将来の話です。その場合には、話し合いそのものに苦労することと思います。本人がどこまで病気のことを知りたいかを聞いたり、悪いニュースを共有したりするのは、精神的につらいことだからです。さらに、もし認知症が進んでいる場合など、本人の言うことが必ずしも真意かどうか分からない時にも、苦労するかと思います。

延命治療を受けるか／受けないか

はじめのほうでも述べましたが、一般的に「医療の終活」とは、延命治療はするのか／しないのか、最後は病院か／自宅か、などの二者択一の決定に思われがちです。しかし、こういった二者択一の思考法そのものに、問題があります。

というのは、周囲が「本当の意味での本人の想い」を尊重できるとは限らないからです。場合によっては、表面的な理解に留まってしまい、本人が望んでいた真意とは逆の選択をすることになります。

だからこそ、一つひとつの「ピース」が大事なのです。どのような文脈の中で、どのような本人の意思を尊重して、結果としてこういう理由でこの医療ケアを選択する、というふうに決めていけるのか。それを一言でいうと、やはり「ピース」が大事になるとしか言えません。

理想的な最期とは、心身の苦痛がないことです。そうである以上、延命治療を受けるかどうかは非常に重要な選択です。

専門家である医師の意見に従ってしまう人が多いと思われますが、その意見を絶対視せず、本人の意思を尊重すべきだと私は思います。というのは、多くの医師は、医療上の最善を提案することが多いからです。つまり、医師は必ずしも、これまでの人生や暮らしのプロセスまでをも含めた、包括的に見た最善のプランを提案しているわけではありません。

その医師のことを信頼し、この人の言うことなら結果がどうであれ後悔がないと思えるのであれば、それも本人の決断でしょうから、悪くない意思決定だと思います。ただ、繰り返しになりますが、必ずしも患者本人の価値観を慮った提案であるとは限りません。そこに「落とし穴」があります。

欧米と日本の終活の違い

「終活」という言葉は日本語なので、終活の海外事情についてはよく知りません。しかしACPについていえば、日本と海外とでは大きく違います。

欧米型は、まず本人が自分の意思表示のもとにオーダーし、周りは「本人がそう言うのだったらそうしましょう」と受ける感じです。

一方、日本や東アジアは、本人は基本こう思っている。しかし、家族や医療ケア従事者が一緒に話し合っていきましょう、といった雰囲気が強いと感じます。

ここで誤解していただきたくないのは、「欧米はオーダー型で、日本は対話型」というわけではないということです。欧米も対話型なのですが、起点が本人にあり、まず「こうしたい」というオーダーを受けてから対話する、といったプロセスです。

対話が重要なのはもちろんですが、日本の文化として「本人がオーダーしたとしても、その言葉さえも、その言葉の裏に意味があるのが日本人だから、その言葉の裏の気持ちを読みましょう」と考えるのが日本のACPです。よく言えばハイコンテクストな日本文化の反映、悪く言えば曖昧ではっきりしない、ということになります。

自己主張をしない日本人に、終活は馴染まないのか?

この章も最後になりましたが、もしかしたら、日本人に終活は馴染まないのかもしれない、これが終活の最大の「落とし穴」なのかもしれません。これから、終活が日本人に馴染むのか馴染まないのかも、考えどころです。

でも、私は、大丈夫だと思っています。先頭に立って、強い自己主張をしないと言われる私たちですが、隣の人達がやっていることに歩調を合わせることは、わりに得意なはずです。実際、終活の話の冒頭に、「このタイミングで、どなたにもお話ししていることなのですが……」などと、言葉を添えれば、話を進めやすかったりします。

おそらくですが、時代は流れ、5年、10年経つと、次第に、日常会話の中で終活の話も出てくるようになるでしょう。それが当たり前になると抵抗感が薄れていく可能性があるので、日本人の特性を活かして、ゆっくり、進めばいいのかもしれません。戸惑ったり、落ち込んだりしなくてよいように、皆で、歩調をあわせて進んでいきましょう。

少子高齢化の大きな波が押し寄せる中、終活をしないで「落とし穴」に落ちるあなたを救いたい、終活についての誤解を抱えたまま「落とし穴」に落ちるあなたを救いたい、そんな想いで本書は書かれました。

執筆にあたり、なるべく平易な言葉で書くように気をつけました。また終活で陥りやすいバイアス、終活で陥りやすい倫理的な問題も踏まえて、さまざまな事例とともに記載することを心がけました。

くれぐれも「落とし穴」に落ちないよう、あなたのよりよい終活を願っております。

第5章

主任介護支援専門員が教える「介護への向き合い方」

利用者さんと対話を続けていくと、話しづらいことを自発的に語ってくださる場面も増えていきます。例えば、「人生の最期をどこで迎えたいか」。耳を傾けていくと、やはり自宅を希望される方が多い、というのが私の肌感覚です。人生の最期は、自分が住み慣れた家で「ピンピンコロリ」といった感じで逝くのが理想、ということなのでしょう。

なぜ「最期は自宅で」という希望が叶わない？

しかし、「最期は自宅で」という希望が叶わないこともあります。それは、家族が施設や病院での看取りを希望するといったケースです。

そういった場合には、家族にとって何がハードルになっているのかを明らかにしていく必要があります。例えば、自宅介護への不安、精神的な不安、金銭面のこと、過去からの家族関係、など多くが考えられます。一つ一つを具体的に明らかにし、不安を取り除いていくことで、家族が受け入れてくれることもあります。

実は、自宅での看取りに対しての漠然とした不安、が原因ということも。家族に対してしっかり説明してくれる人、悩みを聞いてくれる人がいない場合もあります。

また、家族間での考え方や意見の対立により、利用者さん本人の意思が酌まれない結果につながっていることもあるのです。

時間がないときもある！

差し迫った状態になってからケアマネジャーが関わる際は、話し合いをする時間や猶予もない場合が多く、自宅で最期を迎えたいという気持ちとは裏腹に、実際には希望が叶えられてはいない、という齟齬（そご）があります。

現場では、こうした「遅れ」をよく感じます。例えば、ある病気を抱えている利用者さんがいて、命に関わる病気だと皆が分かっているとします。しかし、もし容体が急変したらどうするかを全く話し合っていないケースはよくあります。

病気は一進一退です。そのため、入退院を繰り返して少しずつ悪くなっていくという段階が把握できないのは仕方ありません。しかし、悪化したとき再入院するのか、訪問看護や訪問診療などを利用して自宅介護するのか、といった意思確認は大切です。状態が少し良くなった時点でこれからの療養のイメージをしながら、次の準備をしておけば、選べる選択肢が増えていきます。

そうした話し合いを先延ばしにすると、いざそういう局面が来たときに本人の意向をしっかり酌めないまま、まず先に治療や介護サービスの利用をしていかなければならない状況になりがちです。さらには、その調整をしている間に本人の病状が悪化してしまうこともあります。病状などが少し良くなったタイミングで話し合えない場合、自分以外の誰かに治療や介護サービスの選択肢を委ねることにつながってしまいます。

後手・後手にならないために

もちろん「遅れ」ではあっても、その時にまた話し合って修正することはできます。正解のない中で、その時点でできる限りのことをしていくのです。しかし、それが最後になってしまった場合、家族の後悔がより大きくなると感じます。

どのような最期であれ、家族にとって悔いは残るものです。しかし、本人の意思確認ができないままに症状が悪化した場合やお別れしてしまった場合は特に「あの治療で良かったのだろうか」「本当にこれで良かったのか?」「本人にとって嫌なことをしてしまったのではないか?」という後悔が残る方も多くいらっしゃいます。

世の中のいわゆる「終活」は、財産の相続がメインです。医療についてては「延命治療はしません」といったような意思表示です。しかし「どこまではして、どういうところをしないか」「なぜそう思うのか」という理由がないと、実際その時が来ても医療介護現場では、本人の意思に沿った具体的な選択ができず、結果、家族の判断に頼ることも多いです。

おひとりさまは自宅で最期を迎えられない？

いろいろな生き方、多様性の時代でもあり、多死社会を迎えつつあります。家族を持たないおひとりさまも多くいらっしゃいます。では、家族がいないと自宅で最期は迎えられないのでしょうか？　いいえ、そんなことはありません。「誰かに看取られなくてもいい、自分の家でひとりで逝きたい」と希望される方もいらっしゃいます。医療介護サービスを利用しながら、穏やかに最期を迎える方もいらっしゃいました。おひとりさまの場合、人生の終わりまでどのように生きるのか、親族との関係性や本人の意思の確認など、支援者としっかり話し合うことが大切です。

エンディングノートだけでは不十分？

世の中にはいろいろな「エンディングノート」が出ています。2択のような形で記入しやすいものもありますね。しかし私は、「どうしてそう思うのか」といった理由を必ず書くようにとアドバイスしています。大切なのは気持ちの部分だからです。

チェックボックスだけだと、家族にとっても選んだ理由が分からないため、本人の意思を尊重することに躊躇してしまうかもしれません。「私にはこういう考えがある。だからしないでほしい」と詳しく書き添えておけば、家族も、本人らしいと思うかもしれません。

ある人は、「自分は介護施設等で働き、いろいろな人の生き死にを見てきた。私については胃ろうもしないし、点滴等も一切しないでほしい」と書いていました。

また、不老会へ入会し、自分の遺体を献体に出すという手続きまでしている人もいました。医大や病院で役に立ててほしいというのです。そのような価値観や理由があると、家族も本人の意思を尊重しやすいのではないでしょうか？

お金があっても、本人の意思が叶わないときもある

多くの場合、本人が望む治療や、望む場所で最期を迎えるのを阻む理由はお金の問題です。しかしお金に不自由しない人でも、それが叶わなくなってしまうケースがありました。

ある利用者さんの話です。大手会社で働き、退職後はお金には困っていない方でした。本人は積極的な延命治療を望まず、奥様やケアチームにその意思を伝えていました。ところが新型コロナウイルス感染症に罹患し本人が入院していた間に、奥様が、急逝してしまったのです。

もちろん本人は、意思を家族にも伝えていたようです。代弁者である奥様が

他界し、本人の意思を伝えることのできるのは息子さんとなりましたが、息子さんは「もともと、本心を言う人ではなかった。本人のお金はあり治療は何とでもできますので、もう少し生きてもらいたい」と、まったく受け入れてくれませんでした。親子関係はずっと、良くないままだったようです。

その結果、「やれることを全てやってください」という家族の希望が通りました。身体のあちこちに管が付いた状態で有料老人ホームに移ることになり、CVポートを入れました。これは、太い血管から栄養を入れるものです。結局、管がつながったまま寝たきりの状態で有料老人ホームで過ごしました。このように、お金があるからこそ本人の意思とは裏腹に「治療ができてしまう」場合もあります。

しかしこれは絶対に、ずっと私が知っていた本人の希望する姿ではなかっただろうと思い、とても胸が苦しくなりました。

医療との関係が課題になることも

いくらケアマネジャーが事前に利用者さんとコミュニケーションを取っていても、家族が希望すればどうしようもない側面があります。入院した際には、「本人とはこういう話をしてきた」とケアマネジャーから伝えてありました。しかし病院からは何の連絡もないまま、家族とだけ話し合って決められていました。

こちらから発信して病院に投げ掛けていても病院からのレスポンスが全くなかったので、そのケースではとにかく医療連携ということが何も成り立ちませんでした。ですからこれは、病院自身の体制の問題もあります。

ドクターとケアマネジャーが直で話すことは、診察に付いていかない限りほぼありません。退院調整看護師や地域連携室のソーシャルワーカーなど、病院側の窓口となる人たちとの関わりになってきます。そこがケアマネジャーに話を振らなかったというのも大きな理由になると思います。こちらから投げ掛けていても、本人の退院を教えてもらえなければ、知るよしがないからです。

利用者さんが入院した際、ケアマネジャーは地域連携室に、入院時情報提供書を送ります。ですので、退院が決まったり、何か選択が必要な時は声を掛けてほしいという希望も伝えます。しかしその対応は、病院によって全く違います。「退院支援」と言っていても、話し合いも全くなされていない場合もあります。

とはいっても、医師だけで勝手に決めることはありません。医師は病状説明をして家族と話し合っているはずです。しかし、医師の言うことに引っ張られてしまう家族はいます。

例えば、おしっこがもう出ないから、管を入れたほうがいいですよとか、食べられないから、手術をして人工栄養で栄養は取れますよ、まだ生きられますよといったことを言われてしまうと、家族の心情としては「ではお願いします」となるかもしれません。

それを拒んだら死を意味する場合、家族としてはそんな選択はしたくないという気持ちはあるでしょう。でも、本人に「延命治療はしないでほしい」という望みがあり、本人がしっかり意思表示できる状況であれば、延命治療は拒否したことでしょう。しかしこのケースでは本人の認知症状が少し進行しており、意思表示が難しいという事情もありました。

専門家に選択肢を示されると、家族は「する」の方向にどうしても行きがちです。家族は「先生に言われたら、するしかないでしょう」と揺れることもあるでしょう。

しっかり質問することの意味

ここで大切になってくるのは、「しない」とどうなるのか？　を聞くことです。例えばその薬を飲まない場合はどうなっていくのか？　その治療をしない場合はどんなことが起こりえるのか？　という、逆の質問です。そこの説明を聞いた上で、それをするメリットとデメリットの両方を考えて、選択をしていくことが大切です。

家族の受け取り方次第で全てが変わってしまうこともある

現場としては年月を重ねながらご本人とコミュニケーションを取り、一緒に話をして意思表示のサポートをします。

例えば、本人は「家にいたい」と言い、家族は、「本人が言うから家で」と納得したとします。しかし、家族は介護で精神的に余裕がなくなってきます。そんなときに本人の希望や想いを伝えても「家族の気持ちを分かってくれないケアマネジャー」になってしまいます。家族の疲れ具合や家族の見方、その時の状況次第で、すごくいいケアマネジャーになることもあれば、分かってくれないケアマネジャーだとされることもあります。

そういった時は、自分が思っていた以上に家族は疲れていたのだろう、と反省することとしきりです。本人はケアマネジャーに対して本心を言ってくれていても、家族の思いが強いと、本人の想いが家族に全く伝わらなくなってしまいます。

自由と管理の境界線

90代の一人暮らしの高齢女性がいました。自由気ままに1人で過ごしたいと思っている人でした。好きなように食べて生活したい。サービスとしては、訪問看護が週2日、訪問介護（ヘルパー）を週3日利用していました。本人はそれぐらいのペースでいいし、もし悪くなっていったらもうちょっと来てもらえればいい。それでもこのままがいいし、娘もつかず離れずでいい、という思いでした。

しかし娘さんはお母さんのことを心配しすぎて、食べ物なども、「あの栄養が足りないからこれを食べて」と言って、いろいろな食べ物を持って行きます。「1人になる時間が多いと心配という理由で、デイサービスに行かせたい」と言い出しましたが、本人は行きたがりません。

本人は気ままでいいと言っているし、今のペースでいいと言っているので、娘さんからしたらそんなに楽なことはないと思います。自分のことは自分ででてきており、大きな介護が必要なわけではなかったのです。しかし娘さんからすると、「心配で仕方がありませんし、母親は私の言うことを聞かないので、本人を説得してください」と言ってきます。

「本人にとって嫌なことになるので、納得させるのは難しいと思う」と娘さんにお伝えしても、理解してくれません。本人も、やはり嫌だと言います。娘さんは「あなた（ケアマネジャー）は母に野垂れ死にさせろと言っていることと一緒ですよ」と言われました。

「そうではなく、野垂れ死にではありません。食欲もありますし、今は好きなものを、本人が食べたいものを食べればいいのではないでしょうか？」と言っても、娘さんは「私はこんなに母のことを思っているのに、なぜ母は拒絶するのだろう」と言います。「あなた（ケアマネジャー）は分かっていない、あなたのやっていることは野垂れ死にさせること。あなたはもう少し勉強しなさい」と言われ、結局、ケアマネジャー交代ということになりました。自由や尊厳を優先するのであればある程度のリスクや危険を伴いますし、安全を求めるのであれば管理が伴います。娘さんの親を思うお気持ちも十分理解できるのですが、思いが強すぎると、強制や管理になってしまい、1番大切な本人の意思は埋もれてしまいます。

プロセスが大事

例えば認知症になり、本人はずっと家にいたいと思う気持ちに反して、最終的に施設入所になったという結果があったとします。しかし、そこまでのプロセスはさまざまです。

例えば、家にいられるようにみんなで話し合っていろいろと工夫してきたけれども、症状も進行してしまって、施設入所もやむなかったという場合もあります。一方で、そうではなく、認知症になっていて本人の気持ちはどうせ分からないから施設入所、と、ほぼ自動的に決めてしまうのでは、その両者に雲泥の差があります。

ACPのポイントは、やはりプロセスがどうであるか、です。もし実現できなかったとしても、実現を目指し、どのようにしようとしてきたかというところが大事なのではないでしょうか。

ケアマネジャーの事業所によっては、「本人の意思とは関係なく、介護度が重くなれば施設入所を勧める」といった事業所もあると聞きます。「本人には、聞いても分からない」と発言する人もいます。事業所の考え方やケアマネジャー個人の考え方もいろいろありますが、ケアマネジャーは、本人の権利擁護と自立支援に向けた関りが基本です。

こういった場面ではぜひとも
ケアマネジャーを頼って！

ケアマネジャーへの依頼は、まず介護保険を使うことが大前提になってきます。そして、医療のことではなくても、生活のことや介護のこと、不安、悩み、心配ごと、そういったことはケアマネジャーに相談してもいいと思います。

特に一対一の介護、なかでも中高年になってからのマンツーマン介護はとても大変です。施設の場合、大抵は1人につき何人かでも見るのに、在宅ではそこを一人で背負うのですから。不安を感じた時はぜひケアマネジャーに相談してみてください。

また、男性が女性を介護している時、周りに頼りづらいこともあるかもしれません。抱え込みがちな人も多いと感じます。ぜひ介護保険や制度をどんどん使ってほしいと思います。高齢者相談支援センター（地域包括支援センター）は各地域の市町村に必ず配置されています。そこに相談をしにいくと、男性介護の会を紹介してくれますし、家族会もあります。そういったものに顔を出すのもいいでしょう。

お住まいの近所の、高齢者相談支援センターを訪ねてみましょう。くれぐれも抱え込まないことが大切です。

遠方に70代、80代の親がいる場合の介護

実家との距離が離れている場合もあるでしょう。そうしたときは、親御さん

が暮らしている地域の市役所や高齢者相談支援センターに電話を入れてください。地区の担当職員が独居高齢者の見回りをしてくれる、という支援につながります。

嫌がる家族を受診させるコツ

よく聞くお悩みの一つですね。例えばですが、家族からではなく、本人が信頼している人（お孫さんなど）から勧めてみるのも選択肢に入れてみてはいかがでしょうか。または、健康診断のため、と言って受診される方もいらっしゃいます。どうしても拒否が強い場合は、一旦保留とし、機会を見て再度勧めてみましょう。

介護サービスの手続き・利用法について、気をつけるべきこと

いろんな選択肢がありますので、そこをしっかり確認すると良いと思います。例えば、デイサービス一つにしても、半日利用もあれば1日利用もありますし、リハビリのような運動中心のデイサービス、工作やイベント、季節の行事に力を入れているデイサービスもあります。ご本人の希望にはどれが合うのか、考えてみるとよいでしょう。

「介護保険は難しくて分からない」という方は、保険制度に詳しいケアマネジャーと話し合いながら進めていきましょう。

介護保険を利用する際は、ケアマネジャーが必ず担当します。個人やご家族

様だけで利用することはできません。繰り返しになりますが、利用する場合は、保険制度に詳しいケアマネジャーと話し合いましょう。

また、介護は予想以上にお金がかかることも多いです。病気の進行によって、必要なサービスを利用するとお金はかかります。

当たり前ですが、本人が健康でいること、予防意識を持って運動やリハビリに取り組むこと、栄養バランスを考えた食生活をすることで、お金の節約はできると思います。

介護保険は万能な保険制度ではありません。必ず隙間がありますので、「家族や同居者がお手伝いできない部分を補うもの」「本人の自立をうながすもの」として捉えていただきたいです。

在宅介護の注意点

在宅での介護は、金銭面では施設サービスに比べ抑えられますが、どうしてもご家族や同居者の協力が必要になる場合が多いので、介護に疲れが出てくることもあります。関わっている支援者の人たちに頼りながら、一人で抱え込まない介護をすることが大事になってきます。

介護施設に入れない場合は、ショートステイを利用しながら施設入所を待つこともできます。

今は9060問題

「8050問題」という言葉を聞かれたことがあるかもしれません。80代の親が50代の子どもと同居して経済的支援をして生活をする状態になぞらえた中高年の引きこもり世帯を象徴した言葉です。「8050問題」がさらに高齢化が進んだことで、「9060問題」となりつつあります。

子どもは仕事がなく収入もないため、生計を親の年金に頼らざるを得ないとなると、高齢の親が受けるべき医療や介護など、必要なサービスや支援が行き届きません。言葉を悪く言ったら、経済的虐待と言わざるを得ないところもあります。しかしそこは家庭内のことなので、なかなか見えづらい部分です。

こうした問題に対しては、役所のほうも手薄です。高齢者や障害者、小児の担当課はありますが、その世代に関わる課が少ないため、自分から救済支援に頼らないといつまでも見つけてもらえません。高齢者相談支援センター（地域包括支援センター）を中心に、関連機関と連携しながら必要な援助を行います。

親が要介護状態になり、ケアマネジャーがその家に入って「ここはお子さんが働いていないんだ」と気づく。親に使わなければいけないはずの年金を子どもも使っているので、そうした実態を話すかというと、はじめはまず話しません。訪問回数を重ねて、やっと表沙汰になることがあります。

虐待が起きているケースも

ケアマネジャーが入ることで様々な関係機関が関わるようになり、家の中に外部の人の目が入るようになります。

高齢者の体にあざがあり、虐待が疑われるケースもあります。暴力をふるっている息子さんが父親の住んでいた団地の部屋を乗っ取り、全く出てこなくなってしまったケースもありました。

父親の名義なので、賃貸契約を解約することはできます。しかし息子さんは無職なので、住む場所を失います。この辺りの支援をどうするか、ということも重要になってきます。本人だけを支援するのではなく、本人を取り巻く関係者の支援も含めた関係機関の関わりが必須になります。

ケアマネジャーといい関係を築くコツ

ケアマネジャーはもちろん家族ではない、一線引いた存在です。それであっても距離は近く、本人にとっての最善を一緒に考えていける存在です。決して家族や本人に対して嫌だと思うことを提案する悪い存在ではない、と分かっていただきたいと思います。

私は、「絶対にご本人が損をするようなことは提案しません」、「お金のことも、何でも言ってください」とお伝えしています。

しかし、本人にとって最善と思われる提案をしたとしても、それを選ぶかどうかは本人の選択です。ケアマネジャーの提案やアドバイスは強制でも矯正でもありません。

ケアマネジャーは利用者さんからお金をもらいません。ケアマネジャーの利用料は全額介護保険から給付されるため利用者さんの負担はありません。だからこそ公平・中立な視点で見ることができます。

したがって、ケアマネジャーとの関係構築において、「特にこうする必要がある」というようなことはありません。不安や心配事など、「こんなこと聞いたら失礼かな?」と気を遣わずに、何でも言っていただきたいです。

ケアマネジャーから見て「理想的だと思える最期」

では、そんなケアマネジャーから見て、「理想的だと思える最期」はどんなものでしょうか。それは、本人が病気を受け入れていて、予後も分かっている中で、家族と一緒に話し合ってきた、という満足が大きい最期なのではないかと思います。病院の医療者、在宅の医療者や訪問看護師たちのサポートを受けながら、希望を叶えていくということです。

話し合いをしていないと、家族の間であっても意見が割れることがあります。突然遠方の親戚が出てきて、面倒を見ている人を責めるということもあります。家族の感情が強すぎると、本人の想いを酌むことが難しい時もあります。

話し合いを重ねることで、より良くなったなと感じる事例は多いです。例えば、家で看取るという場合、「怖い」、「本当にできるのだろうか」といった反応は当然です。そのときは「こういう体制を取っていく」、「このようになっていくから大丈夫」、「でも気持ちが変わったら話してください」といったことを伝えたりします。

そして定期的に、「気持ちに変わりはないですか」とか、「どうしてそう考えるのですか」と理由を聞いていったりします。そういったところは、病院とは時間の使い方が違うと思ったりもします。在宅のほうは時間がゆっくり使えますが、病院のほうは限られていると感じます。

そういった場合、家族間だけで話し合ったほうがいいか、第三者が入ったほうがスムーズにいくかは、ケース・バイ・ケースです。家族だけで話し合いがまとまらない場合、本人が病気を抱えている場合はケアマネジャーや医療者も含めて話したほうがいいと思います。しかし、オープンに話し合える家族関係であれば、家族だけで話し合って意思確認をされている場合もあります。

結局、一番大事なこと

一番大事なことは、結局、なんでしょうか。それは、本人の想いや意思を、大切な人や考えを代弁してくれる人に、きちんと伝えておくべきだということです。そうでないと、勝手に決められてしまう可能性もあります。

また、自分で自分のことを決めたくない、周りの人のほうが大切だと思っている、という人も、意思を伝えておいたほうがいいのです。伝えておかないと、周りの人たちはどのようにしたらいいのか分からず、その人たちを悩ませてしまいます。

どちらにしても、自分が「してほしいこと」「してほしくないこと」を伝えておくのは、とても大切なのです。

第6章

医療ソーシャルワーカーが考える「ACPの重要性」

そもそも医療ソーシャルワーカーという存在とは

医療ソーシャルワーカー（MSW）とは、病院などの医療機関等で患者さんやその家族が抱える問題に対して、解決に向けた支援をする専門職です。

多くの方にとって接点がある場面としては、入院した時の病院での困りごと、例えば、「がんになってしまったけれども今後の生活が不安だ」とか、「家庭環境が複雑で退院した後に家に帰りたくない」など、様々な困りごとに対して社会的側面から支援します。

そのほかにも、入院したけれども治療費や入院費が支払えないといった際にも、社会保障を活用して支援しています。こうした医療代金を支払えないケースでも、病院の事務部門に相談すると、立場上どうしても「なんとか支払ってください」と言わざるを得ません。そこで、医療ソーシャルワーカーに相談いただければ、社会保障制度などを活用しながら、共に解決へ支援することができます。

こういう時は医療ソーシャルワーカーに頼ってほしい

経済的不安、住まいの不安、人間関係のネットワーク、社会的孤立になっているといった際には、ぜひ相談してほしいと思います。

例えば一人暮らしで、いろいろな問題を抱えている方がいらっしゃるとします。病気によって生活ができない、家に帰ることができないという話になれば、その中で、本人が適切に療養できる場所を選定していくことをお手伝いします。施設の選定や他の住居の選定を地域の福祉課等とも連携を取りながら、適切な療養場所を適切に行っていきます。そういったことを相談に乗ってくれる専門職がいることは、ほとんどの方が知らないですよね。

病気になったことで生活の柱が崩れてしまって、その柱を補うために相談に来る方が多いです。病気を伴うことによって何かしらの柱が崩れた時に、その柱を補うために私たちがいます。

医療ソーシャルワーカーという存在の周知が乏しいことが多く、存在を知らない人も多いです。実際には相談しみてよかった、話をしていなかったらどうなっていたんだろうという方も多く、病院で困ったことがあったら、いつでも相談して欲しいと思います。私たち医療ソーシャルワーカーに相談に乗って欲しい際は、看護師や主治医に言っていただければと思います。もちろん、直接相談室を訪ねていただいても構いません。気楽に話を聞きに来ていただいて、気楽にいろいろな情報を得てもらえればありがたいです。

早めにご相談いただければ解決できる問題が、その時に相談しなかったことで、解決できなくなってしまうこともあります。どうして前の病院で対応していなかったのか、どうして病気になる前にこういった話をしておかなかったのかといった、様々なケースがあります。

患者さんに困っていることはないか声を掛けても、皆さん遠慮して「心配ないです、大丈夫です」と言ってしまいがちです。ふたを開けてみたら、家族と揉めていたり、何らかの理由で親族がいない独り身だったりします。本人の口から相談がなければ、私たちは介入できませんので、困ることがあれば相談をしてほしいです。例えばどのような事例があるのか、ケースを紹介します。

ＭＳＷが見た「落とし穴」～病気で家族との関係が悪くなるケースも～

これまで頑固一徹だった男性の方が、病気を伴うことで立場的に弱くなってしまい、家で自分の好きなことをやっていたのが、好きなことができなくなり家に帰りづらくなった場合があります。このような家族関係の問題の際にも、ご相談いただければ解決策を模索します。

その逆もしかりです。すごくナイーブな女性が、配偶者に自分の意見が言えず家に帰りたくても家に帰れないこともあります。

また、嫁姑関係がいろいろあって、これまでお嫁さんには強く当たってしまっていたけれども、病気になったことによってお嫁さんの世話にならなければばならない状況になることもあります。お嫁さんの世話になれないといった話であれば、我々のほうでできるだけ本人の希望に合った施設を選ぶなど、そういった支援も助言していきます。誰一人として同じでない生活を、その人らしく生きることができるように手助けをしたいと思っています。

MSWが見た「落とし穴」
～病気になって住宅に問題が出る～

一戸建てやアパートは階段が多く、骨折関連疾患では、リハビリをやっても歩けるようにならないような状況になってくると、リハビリをしながら住める場所を探す必要があります。うまくリハビリ効果で自宅に帰れるような状況になればいいと思いますが、古い家であったり、アパートなどのエレベーターがないところや、介護を受けるうえで本人の必要とされる空間が確保できないといった状況になってくると、適切に療養することができず、暮らすことができなくなってきます。そういった場合で療養場所を探す際には、本人の希望に沿った施設等を提案しますので、我々にご相談いただければと思います。

高齢者の骨折は、よく起こります。病気になったことで困ったことがあれば、医療ソーシャルワーカーや、退院調整看護師に相談してみてください。

ＭＳＷが見た「落とし穴」～家族で抱え込んでしまう～

ニュースでもあるように、病人への介護が負担になってしまって家族によって犯罪に発展してしまうなど、家族関係、まさしく人間関係のネットワークの柱が崩れてしまうことで、一つの命が亡くなってしまうことがあります。それを未然に防げるように我々はアンテナを張り巡らせています。亡くなるまでには至らなくても、小さな虐待や、介護放棄といったことは起こり得ます。ぜひ、少しでも気がかりなことがあれば相談してください。

MSWが見た「落とし穴」〜お金関係〜

お金関係の相談は多くあります。患者さんとその家族から「入院費が払えない、治療代が出せないから治療はやめる」といった発言をよく耳にします。療養生活を送る上で、切っても切り離せないのがお金の話になります。社会福祉制度を使って本人の収入に応じた減額認定証を発行することや、疾患に応じて身体障害者手帳で医療費負担を軽減することなど、いろいろな制度はありますが、それでも限界があります。

負債を抱えている場合などは、我々が法律の専門家と連携を図ることも、場合によっては法テラスへ連絡・相談をし、一緒に債務整理することもできます。また、行政につなげることもできます。

その他、病院への未払いは多いのですが、それを担当する事務職の方は立場上「払ってほしい」の一点張りとなってしまいます。そういった場合でも、我々に相談することができます。

おひとりさま、家族との関係が悪い人は事前に積極的なACPを

身寄りがない人に対しての支援は、近年大きな社会問題化しつつあります。

たとえば、身寄りがない人が救急搬送されてその場で手術をしなければ命が助からない時に、身寄りがないために意思決定支援ができず、医療職が本人の最善を考えて意思決定の代行をしなければいけない場合があります。

身元が分からなくて、必要な医療を提供できなかったといった時に、後に親族関係者が出てきて「なんで治療をしてくれなかったんだ」と言われてしまうこともあります。

だからこそ、おひとりさまや家族との関係が悪い人に関しては、自分がもし

もの時にどうしたらいいかというＡＣＰをお勧めします。事前に話し合っておくことが大切で必要に応じて通院中の患者さんに対しては外来でご相談に乗らせていただきます。

自分の意思をどう伝えるか

お一人さまで、延命行為を希望しないとか、過度な医療は行わないでほしい等と事前に意思がはっきりしている方は、自分の意思を書いた手紙（いわゆる事前指示書）などを持っておけば役立ちますが、十分ではありません。

というのは、実際の現場では意思が変化するものであり、また家族の意思が大きく反映されることも多々あるからです。例えば、本人の年金頼みで生活している子どもがいた場合（いわゆる8050問題）、何とかして本人を生きさせてほしいといった、本人の意思に反するような過度な医療を求めてくる場合もあります。

医療を提供する側としては、本人にとって有益と判断すれば、命を助けるのが最優先なので、医者や看護師だけではなくて私たち医療ソーシャルワーカーや、その他関係機関がみんなで話し合って、必要な医療を提供していきます。

病院でのコミュニケーションの重要性

これから命を左右するような意思決定を行うかもしれない患者さんやその家族と、安心して聞きたいことを聞けるような関係性を築いていきたいと思っております。医師や看護師、ケアマネジャーだけでなく、医療ソーシャルワーカーにも、心おきなく自分の思いの丈を話していただければと思います。

ＡＣＰにおいて、患者本人も、専門職のケアチームも、関係者全員が納得した合意形成をしていく意思決定が必要不可欠です。こうした周囲のさまざまな関係者の方と合意形成に向けたコミュニケーションを図っていく上で、最初の援助関係の構築が絶対的に重要な部分です。

病棟のベッドで寄り添ってくれるのは看護師だと思いますが、看護師も忙しかったりするので、その場の看護で終わってしまうこともあります。長々と腰を据えて話ができるのは、おそらく私たち医療ソーシャルワーカーぐらいしかできないでしょう。

過去の人生観や現在の人生観も含めて共有しながら、「私ってこういう人だよ」と伝えてください。雑談の中から、皆さんの価値観や人生観を伺い、それをしっかりと拾い上げ、ＡＣＰにつなげていけたらと思っております。

ただ、あくまでも病院なので、どうしても時間に限りがあります。なので、理想的なのは、地域でケアマネジャーさんや家族とでACPについて話し合っておいて、病気になった際に、それを反映するというのがベストだと思います。

自分がこの人だったら信頼が置けるなという人に、一言だけでも自分の意思を言っておいてもらえれば、医療に関する意思決定をする際に代理決定者の荷が下りると思います。

本人が話すことができればいいのですが、現実は高齢者になってくると認知症になったり、病状によって自分の意思が話せなかったりと、うまく伝えられないことが多いです。本人が話せなくなった代わりに話をするのは、多くの場合は家族ですから、代弁者の家族が負担にならないようにしましょう。

家族が泣き始めてしまって、「私はやはり決められません」と言うことも多いです。そういう時は、「患者さんは、あなた自身にどのように接してくれたか」

「患者さんの身の回りに不幸があった際にどのように考え、接していたか」といったことから、「患者さんは、もしかしたら今、このように思っているかもしれない」とアドバイスしています。少しでも代理決定者の気持ちの負担を軽減できるように共に考える支援を心がけています。

これまでいろいろな話をしましたが、ただ、やはり一番大事なのは患者さんが自分の意思をあらかじめ、家族や知人、医療関係者に、事前に伝えておくことだと思います。さあ、今からでも遅くはありません。小さいことでも構いません。自分の価値観や人生観を身近な人達へ伝えてみることからはじめましょう。

西川満則　にしかわ・みつのり
医師、愛知国際病院ホスピス、国立長寿医療研究センター、介護老人保健施設相生を歴任

福村雄一　ふくむら・ゆういち
司法書士、司法書士法人福村事務所　代表司法書士

大城京子　おおしろ・きょうこ
主任介護支援専門員、（株）Old-Rookie快護相談所和び咲び副所長

小島秀樹　こじま・ひでき
国立研究開発法人　国立長寿医療研究センター　在宅医療・地域医療連携推進部患者サポート相談室　医療社会事業専門員（MSW）

日経プレミアシリーズ　523

終活《しゅうかつ》の落《お》とし穴《あな》

二〇二五年一月九日　一刷

著者　西川満則　福村雄一
　　　大城京子　小島秀樹
発行者　中川ヒロミ
発行　株式会社日経ＢＰ
　　　日本経済新聞出版
発売　株式会社日経ＢＰマーケティング
　　　〒一〇五―八三〇八
　　　東京都港区虎ノ門四―三―一二
装幀　沢田幸平（happeace）
組版　マーリンクレイン
印刷・製本　中央精版印刷株式会社

ISBN 978-4-296-11940-0　Printed in Japan

日経プレミアシリーズ 518

昭和人間のトリセツ

石原壮一郎

なぜ大昔のことをついこの間のように語るのか？　他人の結婚や出産・育児に的外れなアドバイスをしてくるのはなぜか？　若者をイラつかせる「おじさん構文」「おばさん構文」に始まり、仕事観、ジェンダー意識など多様な切り口から「昭和生まれの人間」の生態に肉薄し、その恥部をも詳らかにする日本で初めての書。

日経プレミアシリーズ 521

老いた親はなぜ部屋を片付けないのか

平松　類

親が部屋を片付けなくなった、性格が頑固になってきた、暑いのにエアコンをつけない、などの問題行動をとるようになると、認知症になったのではと心配になる。だが、延べ10万人以上の高齢者と接してきた医師である著者は、「真の理由」は別にあると説く。老いた親との付き合い方から、将来への備えまでが分かる一冊。

日経プレミアシリーズ 515

弱い円の正体 仮面の黒字国・日本

唐鎌大輔

経常収支黒字国や対外純資産国というステータスは一見して円の強さを担保する「仮面」のようなもので、「正体」としてはCFが流出していたり、黒字にもかかわらず外貨のまま戻ってこなくなったりしている実情がある。統計上の数字を見るだけでは見えてこない「弱い円の正体」に迫った一冊である。